职业教育汽车类专业"十三五"规划教材
经全国机械职业教育教学指导委员会审定

汽车电气构造与检修

主 编 邢海波
参 编 苏东辉 张 彬 王 雪

机械工业出版社
CHINA MACHINE PRESS

本书是经全国机械职业教育教学指导委员会审定的职业教育汽车类专业"十三五"规划教材。

本书主要介绍了汽车电源系统、汽车起动系统、发动机点火系统、汽车照明与信号系统、汽车仪表系统、汽车空调系统、辅助电气系统七个系统的检修原理。为了使读者能够掌握汽车电气设备维修的基本技能，本书以捷达轿车（2008款）为主，通过任务驱动方式，介绍电气设备故障诊断的程序。此外，书中还介绍了典型电气部件的拆装过程，让读者掌握故障诊断与维修的全部工作过程。

本书可作为职业教育汽车类专业教学用书，也可供汽车维修人员和各类汽车技术人员参考使用。

为方便教学，凡选用本书作为授课教材的教师均可登录 www.cmpedu.com 以教师身份注册、下载电子课件。或来电咨询：010-88379865。

图书在版编目（CIP）数据

汽车电气构造与检修/邢海波主编. —北京：机械工业出版社，2015.12
（2025.9重印）

职业教育汽车类专业"十三五"规划教材. 经全国机械职业教育教学指导委员会审定

ISBN 978-7-111-51919-5

Ⅰ.①汽… Ⅱ.①邢… Ⅲ.①汽车-电气设备-构造-职业教育-教材 ②汽车-电气设备-车辆修理-职业教育-教材 Ⅳ.①U472.41

中国版本图书馆 CIP 数据核字（2015）第 250679 号

机械工业出版社（北京市百万庄大街22号　邮政编码100037）
策划编辑：曹新宇　责任编辑：曹新宇　王　荣
版式设计：霍永明　责任校对：张　征
封面设计：路恩中　责任印制：常天培
河北虎彩印刷有限公司印刷
2025年9月第1版第6次印刷
184mm×260mm・10.5印张・243千字
标准书号：ISBN 978-7-111-51919-5
定价：35.00元

电话服务　　　　　　　　　　网络服务
客服电话：010-88361066　　　机 工 官 网：www.cmpbook.com
　　　　　010-88379833　　　机 工 官 博：weibo.com/cmp1952
　　　　　010-68326294　　　金 书 网：www.golden-book.com
封底无防伪标均为盗版　　　　机工教育服务网：www.cmpedu.com

前言

　　本书是经全国机械职业教育教学指导委员会审定的职业教育汽车类专业"十三五"规划教材。

　　现代汽车技术发展迅速，电气元件越来越复杂，因此，电气系统出现故障比较难排除，需要较强的理论知识基础。本书根据中等职业教育的特点和学生认知规律的要求，浅显易懂地讲述理论内容，在进行电路分析时，则是从连接电气元件的导线入手，分析每根导线在电路中所起的作用，进而对出现的电气系统故障进行分析与判断。可使学生快速地掌握电气系统故障维修的知识。本书注重对学生实际操作能力的培养，突出实用性，通过对实车故障的分析诊断及检修，锻炼了学生分析与解决问题的能力。

　　本书共七个项目，内容包括汽车电源系统检修、汽车起动系统检修、发动机点火系统检修、汽车照明与信号系统检修、汽车仪表系统检修、汽车空调系统检修、辅助电气系统检修七个方面的内容，每个项目的任务实施环节注意突出任务的实用性和可操作性，易于学生掌握知识与技能。

　　本书由邢海波担任主编，主要编写了项目一、项目二与项目三，参与编写的还有张彬（主要编写了项目四）、苏东辉（编写了项目五与项目六）、王雪（编写了项目七）。

　　由于编者水平有限，书中难免存在不足之处，恳请各位读者提出修改意见和建议，以便再版修订时改正。

编　者

目 录

前言

项目一　汽车电源系统检修 …………………………………………………………… 1
　　任务一　蓄电池的认知与维护 …………………………………………………… 1
　　任务二　发电机及调节器的认知与检修 ………………………………………… 10
　　任务三　电源系统电路故障的检修 ……………………………………………… 25
　　项目习题 …………………………………………………………………………… 29

项目二　汽车起动系统检修 …………………………………………………………… 31
　　任务一　起动机的认知与检修 …………………………………………………… 31
　　任务二　起动系统电路故障的检修 ……………………………………………… 40
　　项目习题 …………………………………………………………………………… 44

项目三　发动机点火系统检修 ………………………………………………………… 46
　　任务一　点火系统的认知 ………………………………………………………… 46
　　任务二　点火系统电路故障的检修 ……………………………………………… 61
　　项目习题 …………………………………………………………………………… 67

项目四　汽车照明与信号系统检修 …………………………………………………… 69
　　任务一　照明与信号系统的认知 ………………………………………………… 69
　　任务二　照明电路故障检修 ……………………………………………………… 72
　　任务三　雾灯电路故障检修 ……………………………………………………… 77
　　任务四　转向灯电路故障检修 …………………………………………………… 81
　　任务五　喇叭电路故障检修 ……………………………………………………… 86
　　项目习题 …………………………………………………………………………… 90

项目五　汽车仪表系统检修 …………………………………………………………… 91
　　任务一　认识汽车仪表系统 ……………………………………………………… 91
　　任务二　认识报警指示装置 ……………………………………………………… 103
　　项目习题 …………………………………………………………………………… 110

项目六　汽车空调系统检修 …………………………………………………………… 112
　　任务一　汽车空调系统的认知 …………………………………………………… 112

任务二　空调系统故障的检修 …………………………………………………… 121
　　项目习题 ……………………………………………………………………………… 131

项目七　辅助电气系统检修 …………………………………………………………… 134
　　任务一　电动刮水器的检修 …………………………………………………………… 134
　　任务二　电动车窗的检修 …………………………………………………………… 141
　　任务三　电动门锁的检修 …………………………………………………………… 153
　　项目习题 ……………………………………………………………………………… 159

参考文献 …………………………………………………………………………………… 161

项目一

汽车电源系统检修

项目描述

通过本项目的学习，掌握汽车电源系统的组成、作用以及工作原理；掌握铅酸蓄电池的结构，能够对蓄电池的技术状况进行检查和维护，并且学会蓄电池充电作业的操作方法；掌握交流发电机的结构、主要部件的作用及工作原理，并学会交流发电机的拆装、整机的检测及解体后主要部件的检测；掌握电压调节器的作用和工作原理，并能正确检测电压调节器；掌握电源系统日常维护作业的操作方法，并能诊断及排除电源系统的常见故障；能正确识读常见车型电源系统的电路图。

任务一　蓄电池的认知与维护

任务目标

1. 掌握蓄电池的工作原理与作用。
2. 学会蓄电池维护的操作方法。
3. 学会正确检测蓄电池。

任务描述

蓄电池是汽车电源系统的重要组成部件。本任务的基本要求是掌握铅酸蓄电池的结构，能够对蓄电池进行检查和维护，并且学会蓄电池充电作业的操作方法。

知识储备

1. 蓄电池的作用与工作原理

（1）蓄电池的作用　蓄电池是一种可逆的低压直流电源，它既能将化学能转化为电能，也能将电能转化为化学能。蓄电池在整车上的位置如图1-1所示。

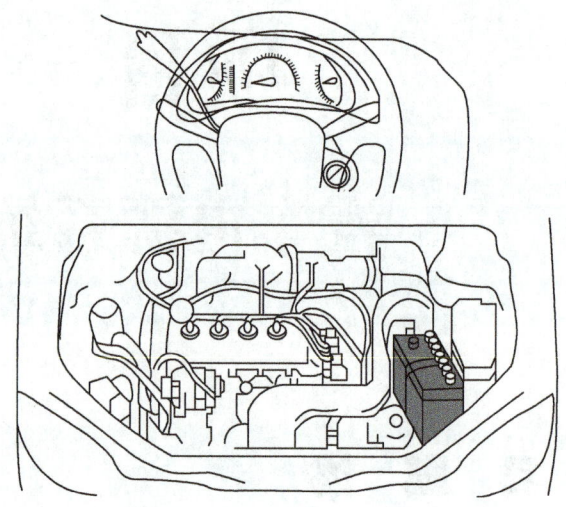

图1-1 蓄电池在整车上的位置

蓄电池可分为碱性蓄电池和酸性蓄电池两大类,其主要作用是为起动发动机提供动力,汽车上一般采用铅酸蓄电池。汽车上装有蓄电池与发电机两个直流电源,全车用电设备均与直流电源并联连接,电路图如图1-2所示。

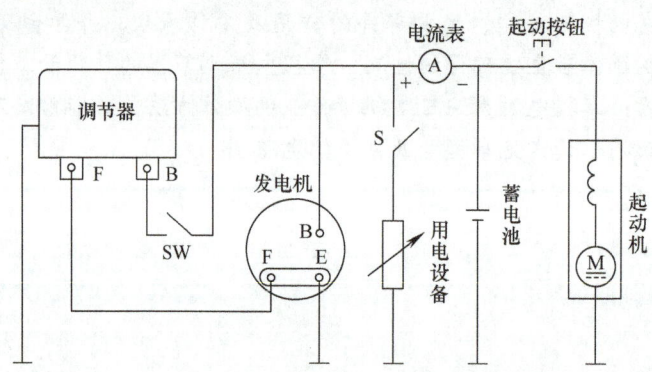

图1-2 汽车并联电路

蓄电池的具体作用如下:
1)发动机起动时,向起动机和点火系统供电。
2)发动机低速运转时,向用电设备和发电机磁场绕组供电。
3)发动机中、高速运转时,将发电机剩余电能转化为化学能储存起来。
4)发电机过载时,协助发电机向用电设备供电。
5)蓄电池相当于一个大电容器,能吸收电路中出现的瞬时过电压,以保护电子元件,从而保持汽车电气系统电压的稳定。

(2)蓄电池的基本结构 蓄电池主要由正负极板、隔板、外壳、联条、极桩、蓄电池盖及加液孔盖等部分组成,如图1-3所示。额定电压12V的蓄电池由6个单格串联而成,每个单格的额定电压为2V。

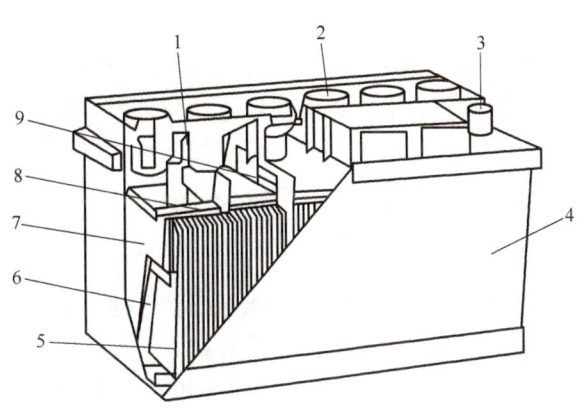

图1-3 蓄电池结构示意图

1—负极桩 2—加液孔盖 3—正极桩 4—外壳 5—正极板
6—隔板 7—负极板 8—联条 9—穿壁连接

1）极板。极板分为正极板和负极板,均由栅架和活性物质组成。

栅架的作用是固结活性物质,一般由铅锑合金铸成,具有良好的导电性、耐蚀性和一定的机械强度。

正极板上的活性物质是二氧化铅（PbO_2）,呈深棕色;负极板上的活性物质是海绵状的纯铅（Pb）,呈深灰色。将活性物质调成糊状,填充在栅架的空隙里,干燥后即可形成极板。

正极板的强度较低,所以在单格电池中,负极板总比正极板多一片,使每一片正极板都处于两片负极板之间,这样可以保持其放电均匀、防止变形。

2）隔板。每一极板组的正、负极板之间装有绝缘隔板,其在正、负极板间起绝缘作用,使蓄电池结构紧凑。

3）电解液。电解液是由纯硫酸（H_2SO_4）和蒸馏水（H_2O）按一定比例配制而成的稀硫酸溶液（密度为$1.24 \sim 1.31 g/cm^3$）。电解液密度对蓄电池的容量和寿命有较大的影响。高密度的电解液可以提高蓄电池的容量,减少结冰的危险;但高密度会使电解液的黏度增加、流动性变差,使蓄电池的容量下降,而且腐蚀作用增强,会降低极板和隔板的使用寿命。

4）外壳。蓄电池的壳体用于盛装电解液和极板组,其外壳应耐酸、耐热、耐振动与冲击。外壳有橡胶外壳和聚丙烯塑料两种,现普遍采用的是塑料外壳。塑料外壳有壳壁薄、质量轻、易于热封合、生产效率高等优点。

外壳为整体式结构,壳内间壁分成3个或6个互不相通的单格。蓄电池单格电池之间均用铅质联条串联。

每个单格电池设有一个液孔,可以加注电解液或检测电解液密度。孔盖上设有通气孔,便于排出蓄电池内部的气体,以防止外壳胀裂、发生事故。

5）联条。联条的作用是将各单格电池串联起来。传统蓄电池的联条是外露式的,用铅锑合金铸造而成,由于其耗材较多、电阻较大,已逐渐被穿壁式或跨接式联条取代。

6）极桩。极桩有锥台形和L形等形式。为便于识别,在正极桩的上方或旁边标刻有"＋"或"P",在负极桩上方或旁边刻有"－"或"N"字样,或者在正极桩上涂红色油漆。

（3）蓄电池的工作原理　蓄电池的充放电过程就是化学能与电能相互转化的过程：当蓄电池向外供电时，将化学能转化为电能；而当蓄电池与外部直流电源相连进行充电时，将电能转化为化学能。其电化学反应是可逆反应，可用如下总的反应方程式表示：

$$PbO_2 + 2H_2SO_4 + Pb \underset{充电}{\overset{放电}{\rightleftharpoons}} 2PbSO_4 + 2H_2O$$

2. 蓄电池的维护

实践证明，只有正确使用与维护蓄电池，才能保证蓄电池经常处于完好的工作状态，而且能够延长其使用寿命。在日常使用中，应注意做好如下工作。

1）保持蓄电池外表面的清洁与干燥，及时清除极桩和电缆卡子上的氧化物，并确定蓄电池极桩上的电缆连接牢固。

清洗蓄电池时，最好从车上拆下蓄电池，用苏打水溶液冲洗蓄电池的壳体，用刷子将脏污处清洁干净，（见图1-4a），然后用纸巾擦干。对蓄电池托架，可先用腻子刀刮净腐蚀物，然后用苏打水溶液清洗托架（见图1-4b），之后用水冲洗并进行干燥。托架干燥后，涂上防腐漆。

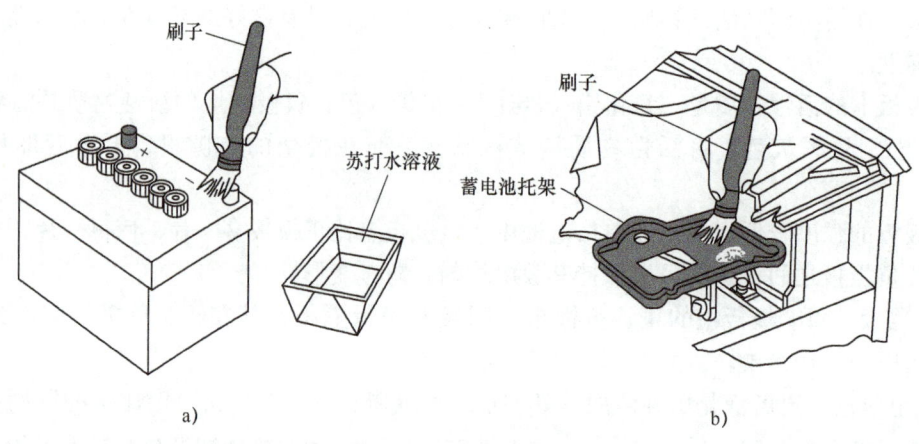

图1-4　蓄电池的清洁
a）清洗壳体　b）清洗托架

对极桩和电缆卡子，可先用苏打水溶液清洗，再用专用清洁工具进行清洗（见图1-5）。清洗后，在电缆卡子上涂上凡士林或润滑油以防止其腐蚀。

注意：清洗蓄电池之前，要拧紧加液孔盖，防止苏打水溶液进入蓄电池内部。

2）保持加液孔盖上通气孔的畅通，并定期进行疏通。

3）定期检查电解液的液面高度，液面一般应高出极板10~15mm。液面过低时，应及时补充蒸馏水。除非确知液面降低是由于电解液溅出所致，否则一般不允许加注硫酸溶液。

4）汽车每行驶1000km或夏季每行驶5~6天或冬季每行驶10~15天，应用密度计或高率放电计检查一次蓄电池的放电程度。当冬季放电超过25%或夏季放电超过50%时，应及时将蓄电池从车上拆下，并进行补充充电。

5）根据季节和地区的变化及时调整电解液的密度。冬季可加入适量的密度为1.40g/cm³的电解液，以调高电解液的密度（一般比夏季高0.02~0.04g/cm³为宜）。

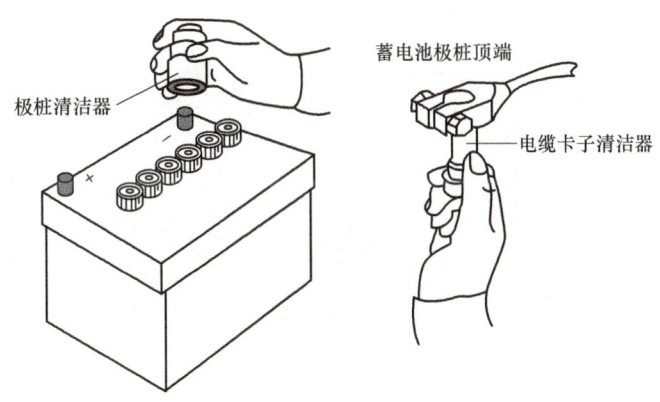

图 1-5　极桩和电缆卡子的清洁

6）冬季向蓄电池内补加蒸馏水时，必须在蓄电池充电前进行，以免蒸馏水和电解液混合不均而引起结冰。

7）在冬季，蓄电池应经常保持在充足电的状态，以防电解液密度降低而结冰，从而引起外壳破裂、极板弯曲和活性物质脱落等故障。

3. 蓄电池的检修

（1）蓄电池的拆装

1）蓄电池的拆卸。

① 将点火开关置于"断开（OFF）"位置。

② 拆下蓄电池固定夹板的固定螺栓，取下固定夹板。

③ 拧松蓄电池正、负极桩上的电缆卡子固紧螺栓，取下电缆。

④ 从汽车上取下蓄电池。取下蓄电池时应小心轻放，尽量用蓄电池提把进行提取。

⑤ 检查蓄电池壳体上有无裂纹和电解液渗漏痕迹，若发现裂纹和渗漏，应更换蓄电池。

2）蓄电池的安装步骤。

① 检查蓄电池的型号、规格是否适合该车型使用。

② 检查电解液的相对密度和液面高度是否符合技术要求，否则应予以调整。

③ 按照蓄电池正、负极桩和正、负电缆端子的相对位置，将蓄电池安放到固定架上。

④ 用细砂纸或专用清洁器清洁蓄电池的极桩及极桩卡子；在螺栓、螺母的螺纹上涂抹凡士林或润滑脂，以防氧化生锈。

⑤ 在正、负极桩及其电缆卡子上涂抹一层润滑脂，以防极柱和卡子氧化腐蚀。

⑥ 安装固定夹板，拧紧夹板固定螺栓。

注意：

① 在发动机运转情况下，严禁拆卸蓄电池。

② 拆卸蓄电池时，应使用专用的工具，尽量不要用手直接触摸有酸液残留的部位。

（2）检查蓄电池电解液的密度　电解液密度的大小是判断蓄电池容量的重要标志。测量蓄电池电解液密度时，蓄电池应处于稳定状态。蓄电池在充、放电或加注蒸馏水后，应静置半小时后再测量。

用吸式密度计测量电解液的密度，其测量过程如图 1-6 所示。测得的密度值应用标准温度（25℃）予以校正（同时测量电解液温度）。

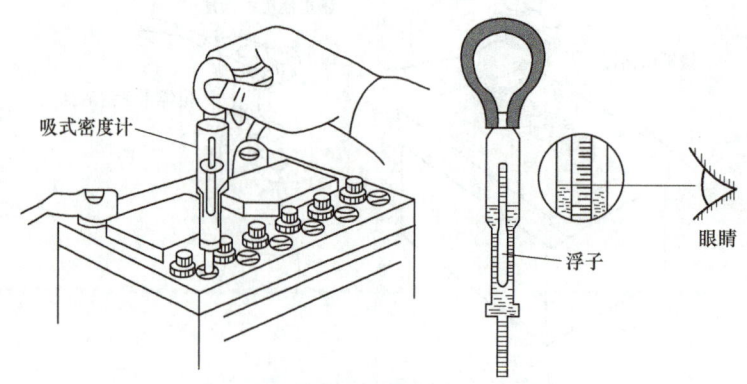

图 1-6　吸式密度计测量电解液密度

通过对各个单格电池电解液密度的测量（见图 1-7），可以确定蓄电池是否失效。如果单格电池之间的密度相差 0.05g/cm³ 以上，则说明该蓄电池失效。

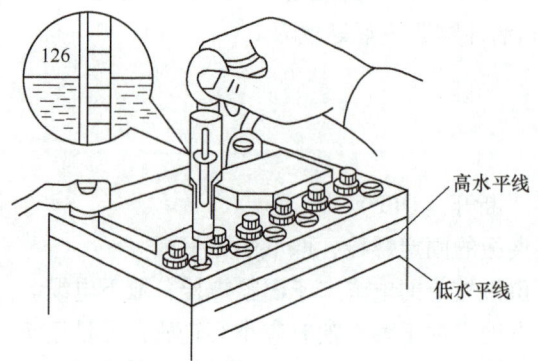

图 1-7　电解液密度的测量

(3) 检测蓄电池电解液的液面高度

1) 玻璃管测量法，如图 1-8 所示。工具是内径为 3~5mm 的玻璃管，液面高度标准值为 10~15mm。

2) 液面高度指示线法，如图 1-9 所示。正常液面高度应介于两线之间，液面过低时，应加入蒸馏水进行补充，以恢复正确的液面高度。除非确知液面降低的原因是电解液溅出，否则不许添加硫酸溶液。

(4) 检测蓄电池的电量

1) 用高率放电计测量蓄电池的放电电压，如图 1-10 所示。测量时，将高率放电计的正、负放电针，分别紧压在蓄电池的正、负极桩上，保持 3~5s。

若电压保持在 9.6V 以上，说明蓄电池性能良好，但存电不足；若电压稳定在 10.6~11.6V，说明存电较足；若电压迅速下降，说明蓄电池有故障。

注意：此项测量不能连续进行，必须间隔 1min 后才可以再次检测，以防止蓄电池损坏。

2) 车上起动测试。拔下分电器中央线并搭铁，将万用表接在蓄电池正、负极桩上，起动起动机 5s，电压应不低于 9.6V。

项目一 汽车电源系统检修

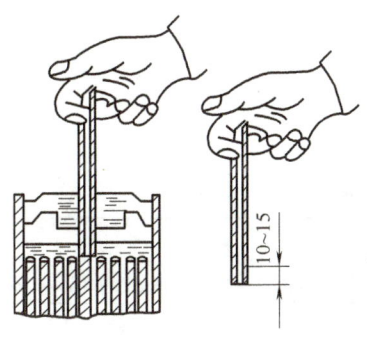

图 1-8　玻璃管测量法　　　　　　图 1-9　液面高度指示线法

　　开路电压检测是用来确定蓄电池的充电状态，通常在密度计不适用或不能用的情况下采用。如果汽车有许多常接蓄电池的电路（如计算机、时钟、存储式收音机等），在读取电压表读数之前，应断开蓄电池负极电缆。

　　（5）蓄电池的补充充电

　　1）打开蓄电池电解液加注口盖，如果是免维护蓄电池，则不需要。

　　2）将充电机的正极连接到蓄电池正极，将充电机的负极连接到蓄电池负极。

　　3）观察电流旋钮是否旋到最小刻度、电压旋钮是否旋到最小刻度，如果没有，调整到最小刻度。然后，再打开充电机电源开关。硅整流充电机如图 1-11 所示。

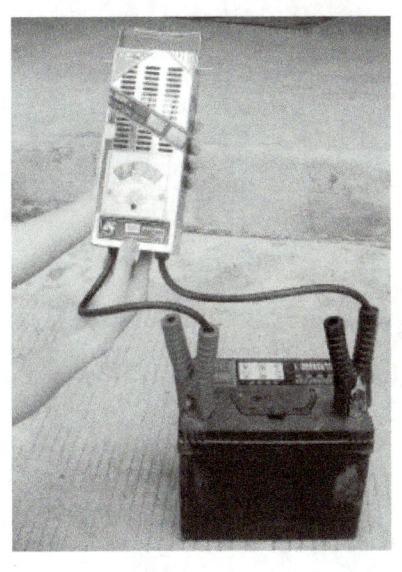
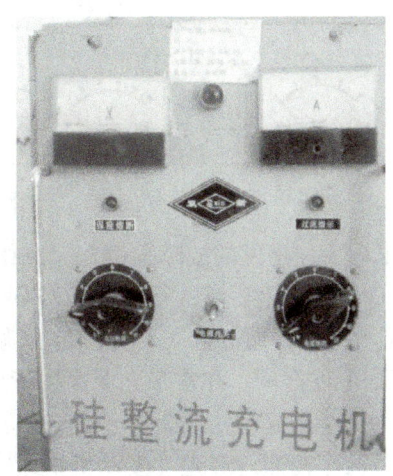

图 1-10　用高率放电计测量　　　　图 1-11　硅整流充电机
　　　　　蓄电池的放电电压

　　4）调整充电机电压旋钮，将充电电压调整至 14V，调整充电机电流旋钮，将充电电流调整至额定容量的 1/10。当电流表指针再回到刻度零时，表示蓄电池充满电。

　　注意：蓄电池充满电以后，不要直接关闭充电机电源开关，应先将电流旋钮旋到最小刻度，再将电压旋钮旋到最小刻度，最后关闭电源开关、取下蓄电池。

汽车电气构造与检修

任务实施

1. 任务准备

任务所需的资料、设备、工具见表1-1。

表1-1 任务准备

维修资料	捷达轿车（2008 款）电路图、维修手册
所需设备	万用表、试灯、整车、各种开关、继电器、灯泡、蓄电池、蓄电池放电计、胶布、导线
所需工具	座椅套、方向盘套、变速杆套、脚垫、翼子板布、常用工具

2. 完成下列各项任务

（1）蓄电池结构的认知　根据图1-12所示写出蓄电池各部件的名称。

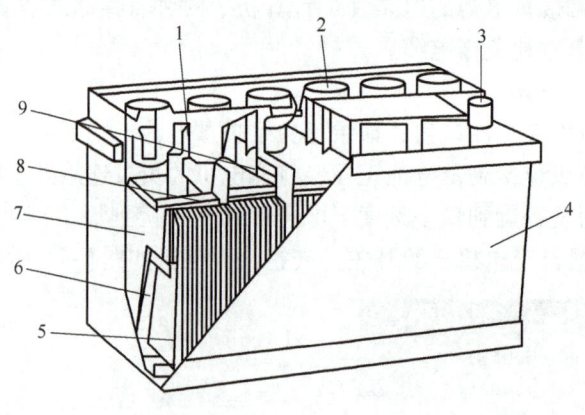

图1-12　蓄电池的结构

1 _____　　2 _____　　3 _____
4 _____　　5 _____　　6 _____
7 _____　　8 _____　　9 _____

（2）根据下面提供的故障案例，完成相应的题目。

一辆2008款捷达轿车，行驶了50000km，最近该车不断出现起动困难，点火起动后，行驶一天都没问题，但放置几天后，起动就困难，甚至有时都无法起动。

1）根据上述案例，在实车上观察故障现象。

① 发动机能否起动：□能　□不能

② 打开汽车前照灯灯光（发动机不运转）：□正常　□不正常

2）根据观察的故障现象进行故障分析。

请在表1-2所列可能发生故障的部件或线路中进行选择，如没有列出，可在后面进行补充。

表1-2　可能发生故障的元件或线路

蓄电池 □	起动机 □
发电机 □	点火开关 □
汽车线路 □	

(3) 检查蓄电池电解液的密度 请观察捷达轿车上蓄电池电解液液面的高度情况，测量该车电解液密度，并判断是否需要添加蓄电池补充液。

1）蓄电池电解液液面的高度：□正常　□不正常

2）电解液密度为：

3）判断：□添加补充液　□不需添加补充液

(4) 将蓄电池从捷达轿车上拆下来（实际操作）

(5) 蓄电池充电　给蓄电池进行补充充电（实际操作）

评价总结

1. 小组评价（见表1-3，50分）

表1-3　小组评价表

操作项目	考核内容	评分标准	配分	扣分	得分
考前准备	作业服着装整齐，防护齐备 一次性备齐所需工具	根据情况酌情扣分	5分		
操作步骤	1. 车辆或部件的安全防护 2. 确认故障现象 3. 故障检测流程符合工艺规范 4. 检测设备及工具使用正确 5. 记录检测结果并进行分析	某项未做不给分 操作方法不当扣2分	25分		
文明操作	操作有序、规范	根据情况酌情扣分	5分		
安全操作	无机具、人身事故	根据情况酌情扣分	10分		
7S管理	整理工具、清洁场地	根据情况酌情扣分	5分		

2. 教师总体评价（50分）

得分：_____

任务二　发电机及调节器的认知与检修

任务目标

1. 掌握发电机的结构及工作原理。
2. 能正确地检修发电机的转子、定子、整流器、电刷和调节器。
3. 掌握发电机的拆装工艺。

任务描述

发电机是汽车电源系统的重要组成部分，学生应该掌握交流发电机的结构、主要部件的作用及工作原理，并能学会交流发电机的拆装、整机检测及解体后主要部件的检测；掌握电压调节器的作用和工作原理，并能正确检测电压调节器。

知识储备

1. 发电机的作用与结构

（1）发电机的作用　发电机是汽车的主要电源，其作用是在发动机正常运转时，向所有用电设备（起动机除外）供电，同时给蓄电池充电。蓄电池充电电路如图1-13所示。

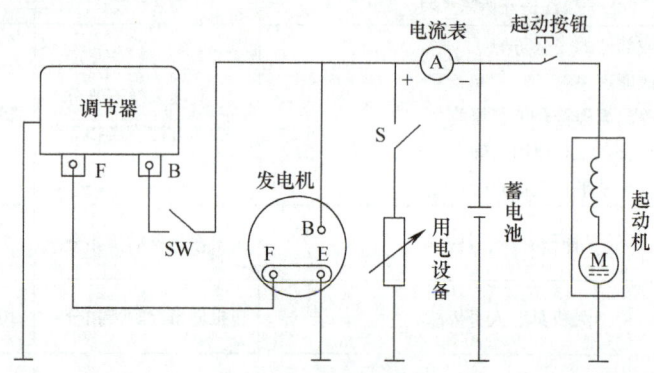

图1-13　蓄电池充电电路

汽车采用三相交流发电机，内部带有二极管整流电路，将交流电整流为直流电。交流发电机必须配装电压调节器，电压调节器对发电机的输出电压进行控制，使其保持基本恒定，以满足汽车各用电器的需求。

（2）交流发电机的结构　汽车用硅整流交流发电机由三相同步发电机和硅二极管整流器两大部分组成。其工作过程是：交流发电机定子绕组中感应出交变电动势，再经硅二极管整流器整流，输出直流电。

普通交流发电机一般由转子、定子、整流器、前后端盖、风扇和带轮等组成。有的还将电压调节器与发电机装在一起。图1-14所示为JF132型6管普通交流发电机解体图。

1）转子。转子的作用是产生旋转磁场。转子由爪极、磁轭、磁场绕组、集电环和转子轴组成，如图1-15所示。两块爪极被压装在转子轴上，且内腔装有磁轭，其上绕有磁场绕

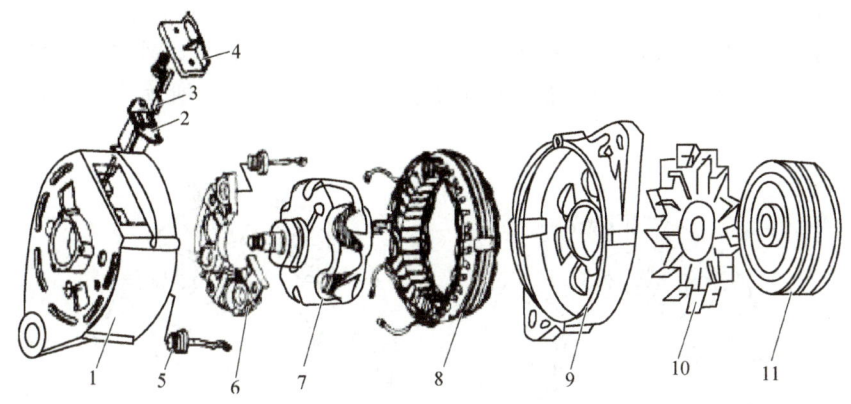

图1-14 JF132型6管普通交流发电机解体图

1—后端盖 2—电刷架 3—电刷 4—电刷弹簧压盖 5—硅二极管 6—散热板（与5在实物中为一整体，即整流器） 7—转子 8—定子总成 9—前端盖 10—风扇 11—带轮

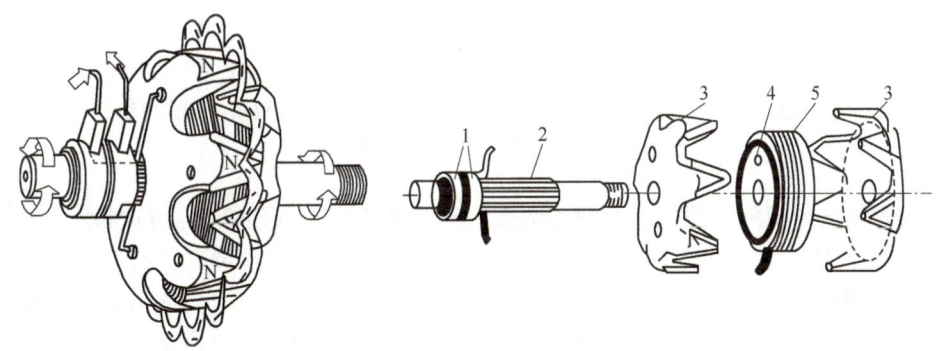

图1-15 发电机转子的结构

1—集电环 2—转子轴 3—爪极 4—磁轭 5—磁场绕组

组。绕组两端的引线分别焊在与轴绝缘的两个集电环上。两个电刷装在与端盖绝缘的电刷架内，通过弹簧力使其与集电环保持接触。当发电机工作时，两电刷与直流电源连通，可为磁场绕组提供定向电流并产生轴向磁通。使两块爪极被分别磁化为N极和S极，从而形成犬牙交错的磁极对并沿圆周方向均匀分布。磁极对数通常为4~7对，国产发电机大多采用6对磁极。爪极凸缘的外形像鸟嘴，这种形状可以使定子感应的交流电动势近似于正弦波形。

2）定子。定子（又称电枢）的作用是产生交流电，其由定子铁心和定子绕组两部分组成，如图1-16所示。定子铁心由相互绝缘的内圆带槽的环状硅钢片叠成。定子槽内置有三相对称绕组，三相绕组大多数采用Y（星形）联结，也有用△联结的。

3）整流器。整流器的作用是将三相绕组产生的交流电变为直流电，其整流二极管的特点是工作电流大、反向电压高。交流发电机的整流器大多由6

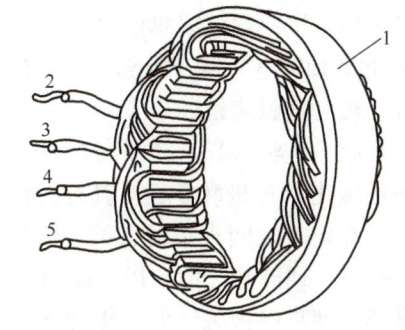

图1-16 定子的结构

1—定子铁心 2、3、4、5—定子绕组引线端

只硅二极管组成，后来又生产了9管发电机，增加了3个小功率的磁场二极管。外壳为正极、中心引线为负极的二极管，称为负极管，管壳底上有黑色标记；外壳为负极、中心引线为正极的二极管，称为正极管，管壳底上有红色标记。如图1-17所示，整流器由正、负整流板组成。

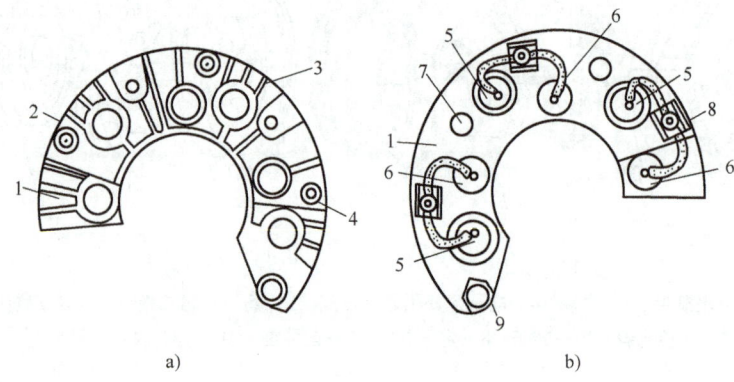

图1-17 交流发电机整流器的结构
a）整流板 b）整流器总成
1—负整流板 2—正整流板 3—散热片 4—连接螺栓 5—正极管 6—负极管
7—安装孔 8—绝缘垫 9—电枢接线柱安装孔

4）端盖及电刷组件。端盖包括驱动端盖、整流端盖以及安装在其上的轴承、轴承盖等零部件。端盖由铝合金制成，因为铝合金为非导磁材料，可减少漏磁并具有轻便、散热性能良好等优点。为了提高轴承孔的机械强度、增加其耐磨性，有的发电机端盖的轴承座内镶有钢套，后端盖装有电刷架。电刷的作用是将电源通过集电环引入励磁绕组。交流发电机电刷组件如图1-18所示。

两个电刷分别装在电刷架的孔内，借助弹簧压力与集电环保持接触。电刷一般与电压调节器装为一体。电刷和集电环的接触应良好，否则会因为磁场电流过小，导致发电机发电不足。

2. 交流发电机的工作原理

（1）交流发电机的发电原理 交流发电机定子的三相绕组按一定的规律排列在发电机的定子槽内，依次相差120°电角度，内部有一个转子，转子上安装着爪极和励磁绕组。

当磁场绕组接通直流电源时即被励磁，转子的爪极被磁化为N极和S极。其磁力由N极出发，穿过转子与定子之间很小的气隙进入定子铁心，最后

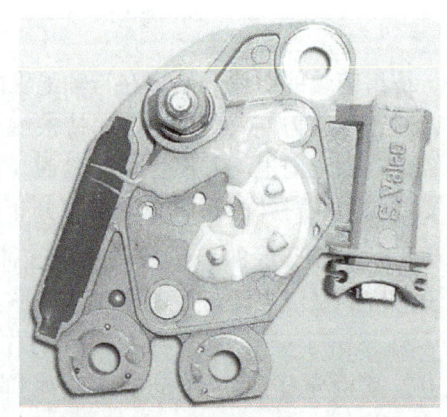

图1-18 交流发电机电刷组件

又通过气隙回到相邻的S极。如图1-19所示，当外电路通过电刷使励磁绕组通电时，便产生磁场，使爪极被磁化为N极和S极。当转子旋转时，磁通交替地在定子绕组中变化，由电磁感应原理可知，在定子的三相绕组中便产生交变的感应电动势。

（2）交流发电机的整流原理 交流发电机定子的三相绕组中，感应产生的是交流电，

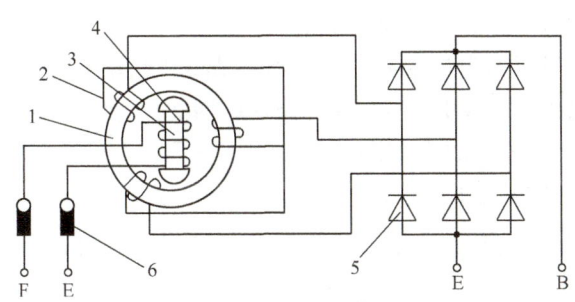

图 1-19 交流发电机发电原理示意图

1—定子铁心 2—定子绕组 3—转子 4—励磁绕组 5—整流二极管 6—电刷

是通过 6 只二极管组成的三相桥式整流电路整流为直流电的,整流电路如图 1-20a 所示。

二极管具有单向导通性,当给二极管加上正向电压时二极管导通,当给二极管加上反向电压时二极管截止。将定子的三相绕组和 6 只整流二极管按图 1-20b 所示的电路连接,发电机的输出端 B、E 上就输出一个脉动直流电压,如图 1-20c 所示,这就是发电机的整流原理。

三相桥式整流电路中的二极管依次循环导通,当 3 只正二极管负极端连接在一起时,正极端电位最高者导通;当 3 只负二极管正极端连接在一起时,负极端电位最低者导通,从而使负载 R_L 两端得到一个比较平稳的脉动直流电压。

(3)发电机的励磁 除了永磁式交流发电机不需要励磁以外,其他形式的交流发电机都需要励磁,因为它们的磁场都是电磁场,必须给励磁绕组通电才会有磁场产生而发电,否则发电机将不能发电。

将电流引入到励磁绕组使之产生磁场称为励磁,交流发电机励磁方式有自励和他励两种。

1)他励。在发电机转速较低时(发动机未达到怠速转速),自身不能发电,需要蓄电池供给发电机励磁绕组电流,使励磁绕组产生磁场来发电,这种由蓄电池供给磁场电流发电的方式称为他励发电。

2)自励。随着转速的提高(一般在发动机达到怠速时),发电机定子绕组的电动势逐渐升高并能使整流器二极管导通,当发电机的输出电压 U_B 大于蓄电池电压时,发电机就能对外供电了。当发电机能对外供电时,就可以把自身发的电供给励磁绕组,这

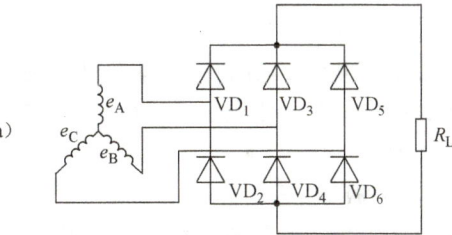

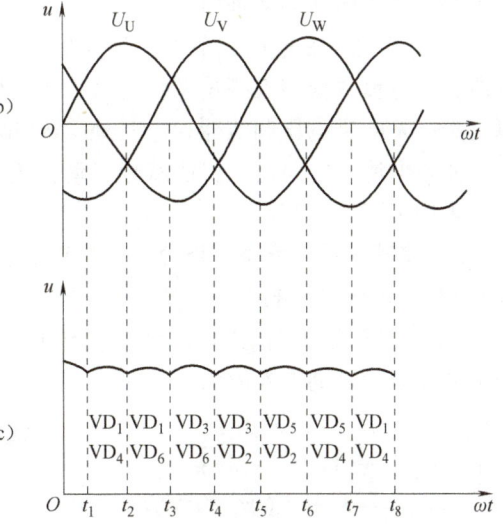

图 1-20 交流发电机的整流原理

a)整流电路图 b)三相绕组电压波形图
c)整流后发电机输出

种自身供给磁场电流发电的方式称为自励发电。

交流发电机的励磁过程是先他励后自励。当发动机达到正常怠速转速时，发电机的输出电压一般高出蓄电池电压 1~2V 以便对蓄电池充电，此时，由发电机自励发电。

不同汽车的励磁电路各不相同，但有一个共同特点是，励磁电路都必须由点火开关控制。交流发电机的励磁电路如图 1-21 所示。

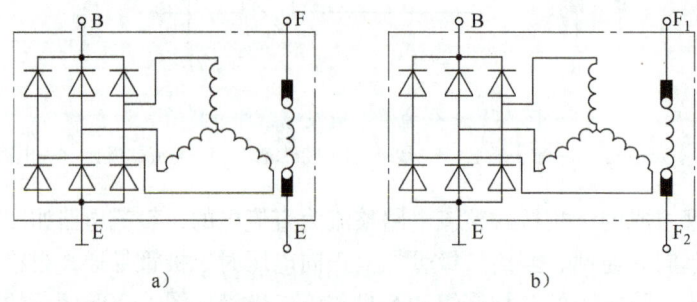

图 1-21 交流发电机的励磁电路
a）内搭铁 b）外搭铁

3. 电压调节器的工作原理

（1）电压调节器的分类

1）按工作原理分类。

① 晶体管电压调节器：晶体管电压调节器的开关频率高，且不产生电火花，调节精度高，还具有质量轻、体积小、寿命长、可靠性高、无线电干扰小等优点，现广泛应用于多种中低档车型。

② 集成电路电压调节器：除具有晶体管电压调节器的优点外，还具有可安装于发电机内部（又称内装式调节器）的优点，减少了外接线，并且冷却效果得到了改善，现广泛应用于桑塔纳、奥迪等多种轿车上。

③ 计算机控制电压调节器：计算机控制电压调节器是现代轿车采用的一种新型电压调节器，由电负载检测仪测量系统总负载后，向发动机控制单元发送信号，然后由发动机控制单元控制发电机电压调节器，适时地接通和断开励磁电路，既能可靠地保证电气系统正常工作、使蓄电池充电充足，又能减轻发动机负荷、提高燃料经济性。别克、本田等轿车的发电机上采用了这种调节器。

2）按搭铁形式分类：可分为内搭铁式（与内搭铁式交流发电机配套使用）和外搭铁式（与外搭铁式交流发电机配套使用）。

（2）电压调节器的工作原理　由交流发电机的工作原理可知，交流发电机的三相绕组产生的相电动势的有效值为

$$E_\Phi = C_e \Phi n \tag{1-1}$$

式中　E_Φ——电动势（V）；

C_e——发电机的结构常数；

n——发电机的转子转速（r/min）；

Φ——转子的磁极磁通（Wb）。

式（1-1）表明交流发电机所产生的感应电动势与转子转速、磁极磁通成正比。所以，

交流发电机电压调节器的工作原理是：当交流发电机的转速升高时，电压调节器通过减小发电机的励磁电流 I_f 来减小磁通 Φ，使发电机的输出电压 U_B 保持不变。

晶体管电压调节器、集成电路电压调节器等利用大功率晶体管的导通和截止，接通和断开励磁电路，来改变励磁电流 I_f 的大小。这种电压调节器没有触点，使用过程中无需维护、结构简单、体积小、质量轻。

1）晶体管电压调节器的工作原理。JT106 型晶体管电压调节器属于负极外搭铁式电压调节器，它可与 14V、750W 的九管交流发电机配套使用，也可与 14V、功率小于 1000W 的负极外搭铁式六管交流发电机配套使用。

JT106 型晶体管电压调节器电路原理如图 1-22 所示，该电压调节器共有"＋""F"和"－"三个接线柱，其中，"＋"接线柱与发电机的"F"接线柱连接后经熔断器接至点火开关，"F"接线柱与发电机的"F_1"接线柱连接，"－"接线柱搭铁，不能接错，具体连接如图 1-23 所示。

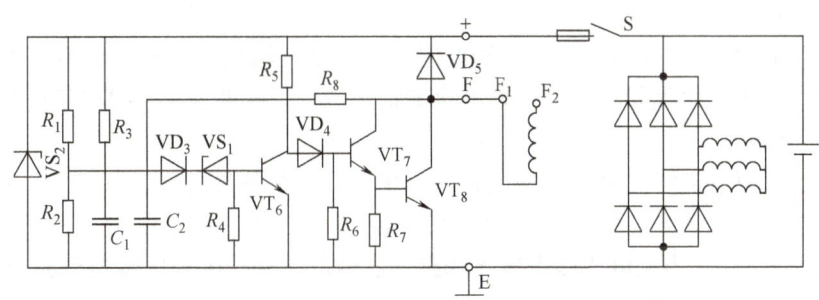

图 1-22　JT106 型晶体管电压调节器电路原理图

图 1-22 所示晶体管调节器中其他一些电子元件的作用如下：

电阻 R_4、R_5、R_6、R_7 为晶体管的偏置电阻。稳压管 VS_2 起到过电压保护作用，利用稳压管的稳压特性，可对发电机负载突然减小或蓄电池接线突然断开时，发电机所产生的正向瞬变过电压起保护作用，并可以利用其正向导通特性，对开关断开时电路中可能产生的反向瞬变过电压起保护作用。

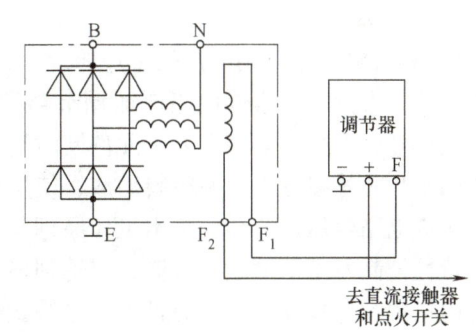

图 1-23　JT106 型晶体管电压调节器的接线图

二极管 VD_3 接在电压敏感电路中的稳压管 VS_1 之前，以保证稳压管能安全可靠地工作。当发电机端电压很高时，它能限制稳压管 VS_1 电流不致过大而烧坏；当发电机端电压降低时，它又能迅速截止，保证稳压管 VS_1 可靠截止。

二极管 VD_4 接在 VT_6 集电极与 VT_7 基极之间，提供 0.7V 左右的电压，使 VT_7 导通时迅速导通，截止时可靠截止。

二极管 VD_5 反向并联于发电机励磁绕组两端，起续流作用，防止 VT_8 截止时，磁场绕组中的瞬时自感电动势击穿 VT_8，保护晶体管 VT_8。

反馈电阻 R_8 具有提高灵敏度、改善调压质量的作用。

电容 C_1、C_2 能适当降低晶体管的开关频率。

该电压调节器由电压敏感电路和二级开关电路组成。R_1、R_2、R_3 和稳压管 VS_1 构成了电压敏感电路,其中 R_1、R_2、R_3 为分压器,将交流发电机的端电压进行分压后反向加在稳压管 VS_1 的两端;稳压管 VS_1 为稳压元件,随时感受着发电机端电压的变化。当交流发电机的端电压在稳压管 VS_1 上的分压低于稳压管 VS_1 的稳压值时,稳压管 VS_1 截止;当交流发电机的端电压在稳压管 VS_1 上的分压高于稳压管 VS_1 的稳定电压时,稳压管 VS_1 导通。可见,电压敏感电路可以非常灵敏地感受出交流发电机端电压的变化,起到控制开关电路的作用。

晶体管 VT_6、VT_7、VT_8 组成复合大功率二级开关电路,利用其开关特性控制磁场电路的接通或断开。晶体管电压调节器工作过程如下:

① 起动发动机并闭合点火开关时,蓄电池通过分压器将电压加在稳压管 VS_1 两端,由于此电压低于稳压管 VS_1 的稳定电压值,VS_1 截止,使 VT_6 截止,VT_7、VT_8 导通,这时蓄电池经大功率晶体管 VT_8 供给励磁电流,使发电机处于他励状态,建立电动势。

② 发动机带动发电机,转速逐渐升高。当发电机端电压高于蓄电池端电压时,发电机便由他励转为自励的正常发电工作。由于此时转速尚低,输出电压未达到调节电压值,VT_6 仍然截止,VT_7、VT_8 仍然导通,因此发电机的端电压可以随转速和自励电流的增大而升高,逐渐提高输出电压。

③ 当转速升至一定值使输出电压达到调压值时,经分压器加至稳压管 VS_1 两端的反向电压达到稳定电压值,VS_1 反向击穿导通,使 VT_6 导通,VT_7、VT_8 截止,断开了励磁电路,发电机端电压便下降。当发电机端电压下降到调压值以下时,经分压器加至稳压管 VS_1 两端的反向电压又低于稳定电压值,使 VT_6 又截止,VT_7、VT_8 又导通,又一次接通了励磁电路,发电机端电压又上升。如此循环下去,就能自动调控发电机的端电压,使其恒定在调压值上。

2)集成电路电压调节器的工作原理。集成电路电压调节器是利用集成电路(IC)组成的调节器,可分为全集成电路电压调节器和混合集成电路电压调节器两类。前者是将二极管、晶体管、电阻和电容等电子元件同时制成在一块硅基片上;后者是用厚膜或薄膜电阻与集成的单片芯片或分立元件组装而成,使用最广泛的是厚膜混合集成电路电压调节器。

集成电路电压调节器的基本工作原理与晶体管电压调节器完全一样,都是利用晶体管的开关特性控制发电机的励磁电流,以达到稳定发电机输出电压的目的。集成电路电压调节器也有内搭铁和外搭铁之分,而且以外搭铁式应用最为广泛。

现以丰田车系发电机内装集成电路电压调节器及充电系统电路(见图1-24)为例,详解其工作原理,该发电机调节器是由一块单片集成电路和晶体管等元件组成的混合集成电路调节器,装于发电机内部,构成整体式交流发电机,调节器为内装式外搭铁型。

该调节器有6个接线端子,F、P、E三个端子用螺钉直接与发电机连接,B用螺母固定在发电机的输出端子B上,IG、L两个端子用金属线引到电压调节器的外部接线插座上。

① 励磁电流插座:VT_1 是大功率晶体管,与励磁电路串联,由集成电路(IC)片控制 VT_1 的导通和截止,从而控制励磁电路的通断,使发电机电压得到控制。

② 充电指示灯:充电指示灯串接在 VT_2 集电极上,VT_2 导通,则充电指示灯亮,VT_2 截止,则充电指示灯熄灭。在集成电路片中有控制 VT_2 导通和截止的电路,控制信号由P点提供,P点提供的是发电机单相电压的交流信号,其信号幅值大小可反映发电机输出电压的

项目一 汽车电源系统检修

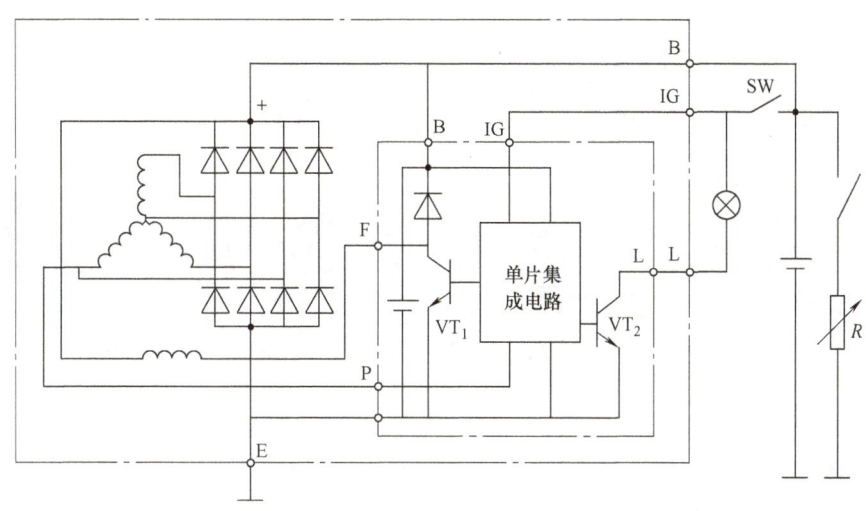

图1-24 集成电路电压调节器及充电系统电路

高低。

当发电机输出电压低于蓄电池电压时，集成电路控制 VT_2 导通，充电指示灯亮；当发电机输出电压高于蓄电池电压时，集成电路控制 VT_2 截止，充电指示灯熄灭。

3) 计算机控制电压调节器。图 1-25 所示为广州本田雅阁轿车直列 4 缸发动机配用的发电机电压调节器电路图，发电机整流器为 8 管，其电压调节器为内装式外搭铁型，由发动机控制单元控制。

在汽车电路中有一个负载检测仪，检测电路中总电流负载的大小，并将信号送到发动机控制单元，电压调节器 C 接线端子将发电机电压信号也送到发动机控制单元，发动机控制单元根据这两个信号判断励磁电路应该接通还是断开。发动机控制单元输出控制信号到 FR 端子，驱动电压调节器的控制电路，适时地接通和断开励磁绕组电路，以此控制发电机的输出电压。

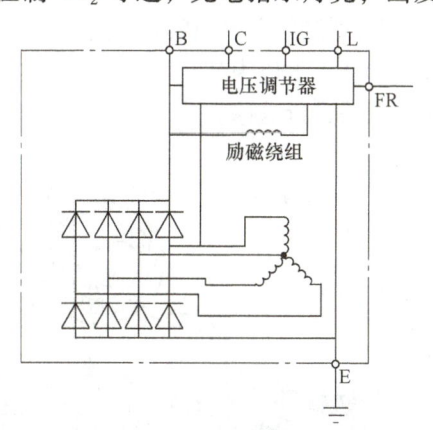

图1-25 计算机控制电压调节器电路图

4. 交流发电机的检修

(1) 转子的检修

1) 转子绕组短路与断路的检查。用数字万用表的低电阻档检测两集电环之间的电阻，应符合技术标准，如图 1-26 所示。若阻值为"∞"，则说明断路；若阻值过小，则说明短路。转子绕组的阻值一般为 3.5~6Ω，当其发生故障时都是采取整体更换的方法进行维修。

2) 转子绕组搭铁检查。检查转子绕组与铁心（或转子轴）之间的绝缘情况，可用万用表电阻档检测两集电环与铁心（或转子轴）之间的导通情况，如图 1-27 所示。若电阻为零且万用表发出响声，说明发生搭铁故障，正常阻值显示为"∞"。

3) 集电环的检查。集电环表面应平整光滑，无明显烧损，否则可用 0 号砂纸打磨。两集电环间隙处应无积聚物；集电环圆度误差不超过 0.025mm，厚度不小于 1.5mm。

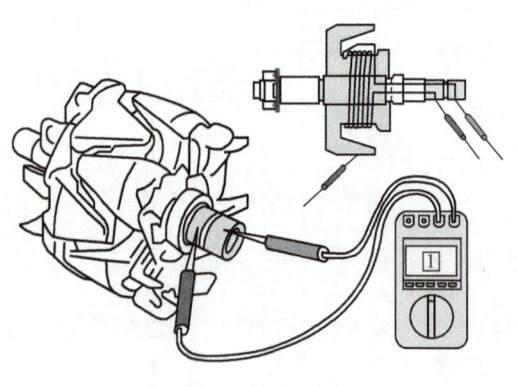

图 1-26 转子的检测　　　　　　　图 1-27 转子绕组搭铁检查

4)转子轴检查。用百分表检查转子轴的弯曲度,如图 1-28 所示。弯曲度不超过 0.05mm(径向圆跳动不超过 0.1mm),否则应予以校正。爪形磁极在转子轴上应固定牢靠、间距相等。

(2)定子的检修

1)定子绕组短路与断路的检查。用数字万用表的低电阻档检测定子绕组的 3 个接线端,两两接线端分别相测,如图 1-29 所示。正常时,阻值小于 1Ω 且相等;阻值为"∞",说明断路;阻值为零,说明短路。定子绕组如果发生断路或短路故障,一般都是采取整体更换的方法进行维修。

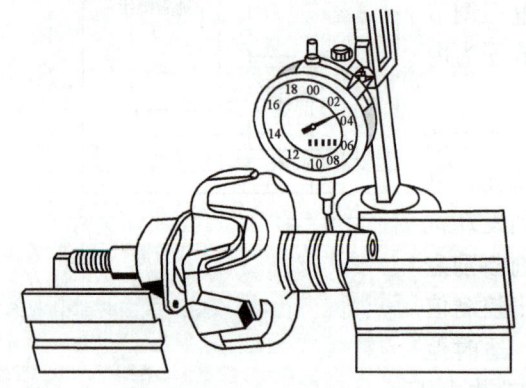
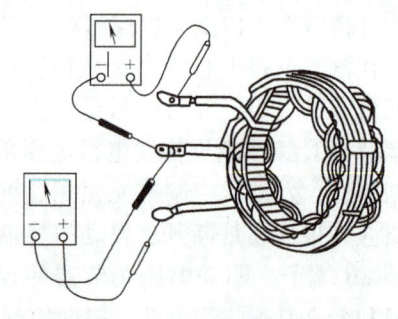

图 1-28 转子轴的检查　　　　　　　图 1-29 定子的检测

2)定子绕组搭铁检查。检查定子绕组与定子铁心间的绝缘情况,可用数字万用表电阻档测量定子绕组接线端与铁心间的电阻,如图 1-30 所示。若电阻过小(表内发出响声),说明发生绝缘不良的故障(正常应指示"∞")。

3)整流器及电刷的检修(主要是整流二极管)。

① 正极管检修。使用数字万用表的电阻档,黑表笔接整流器输出端子,红表笔分别接整流器各接线柱,如图 1-31 所示。万用表均应导通,否则说明该二极管断路,应更换整流器总成;调换两表笔再进行测试,此时万用表均应不导通,否则说明二极管短路,应更换整流器总成。

项目一　汽车电源系统检修

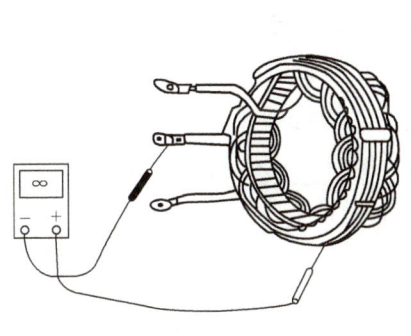

图1-30　定子绕组搭铁检查

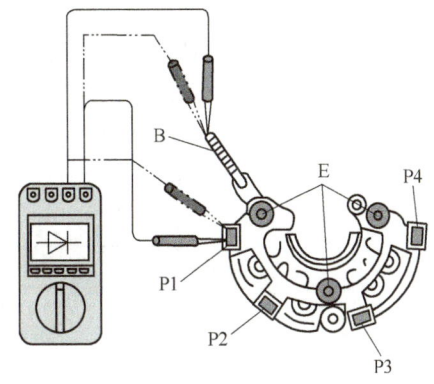

图1-31　检测正极管

② 负极管检修。使用数字万用表的电阻档,红表笔接整流器负极管的外壳,黑表笔分别接整流器各接线柱,如图1-32所示。万用表均应导通,否则说明该二极管断路,应更换整流器总成;调换两表笔再进行测试,此时万用表均应不导通,否则说明二极管短路,应更换整流器总成。

③ 电刷组件的检查。电刷表面不得有油污,且应在电刷架中活动自如,电刷磨损不得过原高度的1/2(标准长度为10.5mm),如图1-33所示;当电刷从电刷架中露出2mm时,电刷弹簧力一般为2~3N;电刷架应无烧损,破裂或变形。

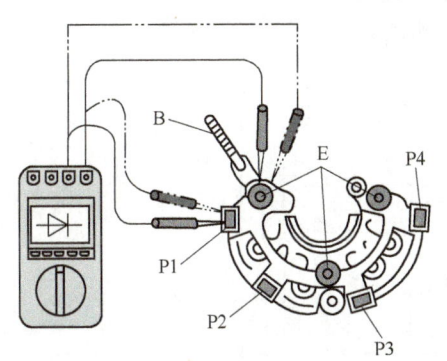

图1-32　检测负极管

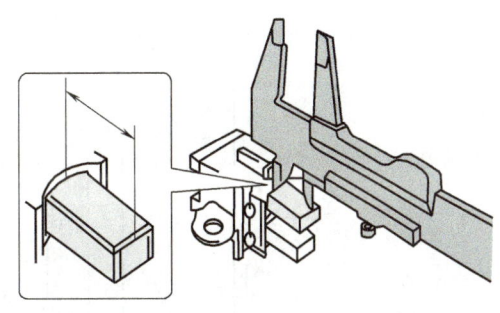

图1-33　电刷组件的检查

5. 电压调节器的检修

(1) 晶体管式电压调节器的检测

1) 搭铁形式的检测。

① 按图1-34a所示接好线路。

② 将电源电压 U 调到12V。

③ 接通开关S,若小灯泡不亮,则该调节器为内搭铁型调节器;若小灯泡亮,则该调节器为外搭铁型调节器。

2) 性能的检测。

① 将调节器根据搭铁形式的不同按图1-34所示连好线路。

② 接通开关S,逐渐调高电源电压,小灯泡的亮度应随电压升高而增强,当电源电压达

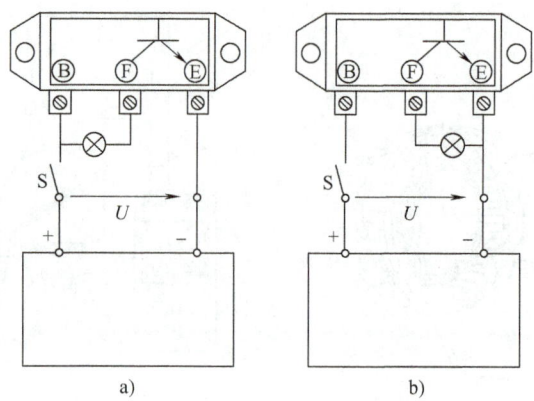

图 1-34　晶体管式电压调节器检测线路图

a）外搭铁型调节器　b）内搭铁型调节器

到调节电压值（14V 调节器为 13.5~14.5V）时，小灯泡熄灭，则为良好；若小灯泡始终发亮或始终熄灭，则为损坏，应予以更换。

（2）集成电路电压调节器的检测

1）发电机电压检测法。集成电路电压调节器直接在发电机上检测发电机的输出电压，称为发电机电压检测法，电路如图 1-35 所示。加在分压器 R_1 和 R_2 上的电压是励磁二极管输出端 L 的电压 U_L，$U_L = U_B$，因此，检测点 P 的电压加到稳压管 VS_1 上，其电压与发电机的端电压 U_B 成正比，所以该检测法称为发电机电压检测法。

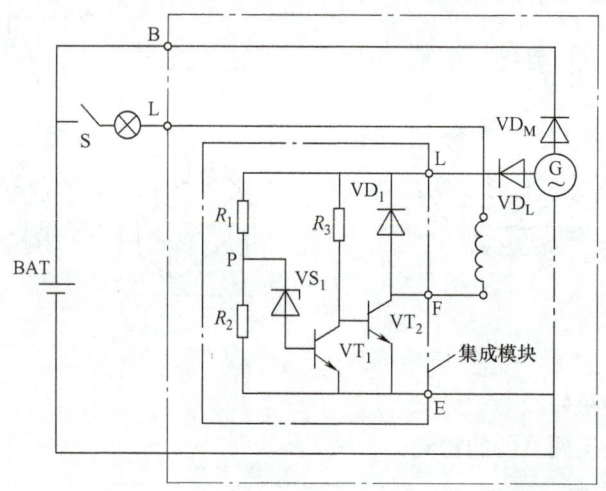

图 1-35　发电机电压检测电路

2）蓄电池电压检测法。用连接导线检测蓄电池的端电压来调节发电机的输出电压，称为蓄电池电压检测法。

加在分压器 R_1 和 R_2 上的电压为蓄电池端电压，由于通过检测点 P 加到稳压管 VS_1 上的反向电压与蓄电池端电压成正比，所以该检测法称为蓄电池电压检测法。

在这两种基本检测法中，前者发电机的引出线可以少一根，但是发电机 B 端子到蓄电池的接线柱之间的电压降较大时，蓄电池的充电电压将会降低，使蓄电池充电不足，因此一般大功率发电机宜采用蓄电池电压检测法。

采用蓄电池电压检测法，如 B — BAT 之间或 S — BAT 之间断路时，电压调节器便不能检测出发电机的端电压，发电机便会失控。为了克服这一缺点，有些内装集成电路电压调节器的发电机采取了一定的控制措施。图 1-36 所示为实际采用的蓄电池电压检测法的线路，在这个线路中，在调节器的分压器与发电机 B 点之间增加了一个电阻 R_4 和一个二极管 VD_2。这样，当 B 点与蓄电池正极之间或 S 点与蓄电池正极之间出现断路时，由于 R_4 的存在，仍能检测发电机的端电压 U_B，使调节器正常工作，可以防止发电机电压过高的现象。

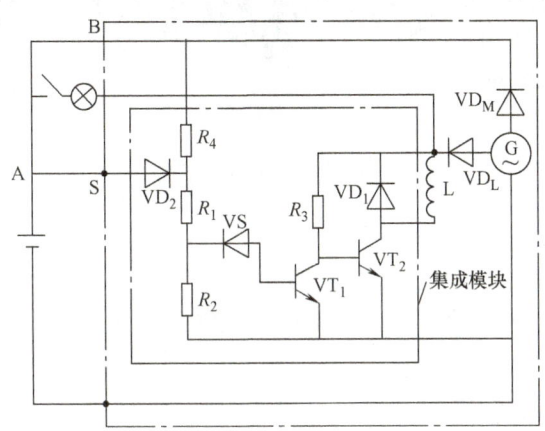

图 1-36 具有保护作用的蓄电池电压检测法原理电路

6. 捷达轿车发电机的就车拆装工艺

1）断开蓄电池负极端子。
2）断开发电机电缆及插接器。
3）拆卸空气滤清器，腾出拆卸发电机空间。
4）拆卸发电机传动带。
5）拆卸发电机传动带张紧轮。
6）拆卸发电机固定螺栓。
7）按拆卸的相反顺序装复。装复后，转动发电机带轮，转子应转动平顺，无摩擦及碰击声。

任务实施

1. 任务准备

任务所需的资料、设备、工具见表 1-4。

表 1-4 任务准备

维修资料	捷达轿车（2008 款）电路图、维修手册
所需设备	万用表、试灯、整车、各种开关、继电器、灯泡、蓄电池、发电机、胶布、导线
所需工具	座椅套、方向盘套、变速杆套、脚垫、翼子板布、常用工具

2. 完成下列各项任务

（1）发电机结构的认知

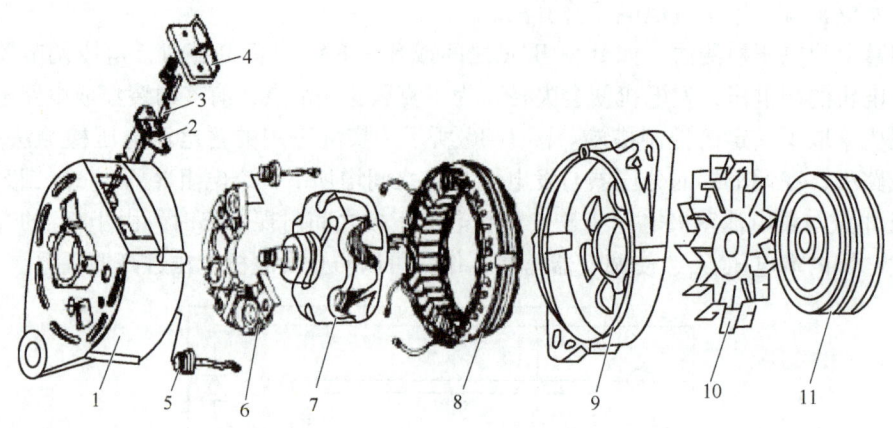

图 1-37　发电机的结构

根据图 1-37 所示写出发电机的部件名称。

1＿＿＿＿　2＿＿＿＿　3＿＿＿＿　4＿＿＿＿
5＿＿＿＿　6＿＿＿＿　7＿＿＿＿　8＿＿＿＿
9＿＿＿＿　10＿＿＿＿　11＿＿＿＿

（2）发电机的内部检修

1）转子绕组短路与断路的检修（见图 1-38）。

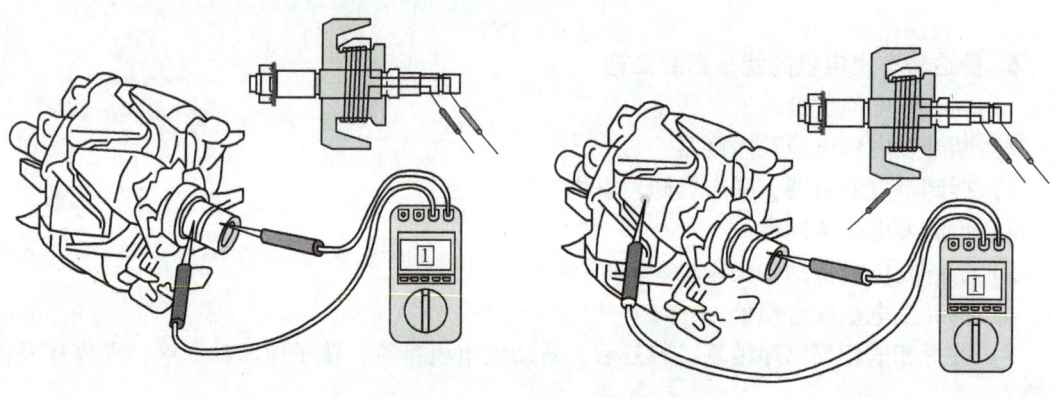

图 1-38　转子绕组短路与断路的检修

转子绕组的阻值：＿＿＿＿＿＿

转子与搭铁之间的阻值：＿＿＿＿＿＿

转子的状态：　□正常　　□不正常

2）转子轴与电刷检查（见图 1-39）。

转子轴的径向圆跳动量为＿＿＿＿＿＿mm

转子轴的状态：　□正常　　□不正常

电刷的长度为＿＿＿＿＿＿mm

电刷的状态：　□正常　　□不正常

3）定子绕组短路与断路的检修（见图 1-40）。

定子绕组的阻值：＿＿＿＿＿＿

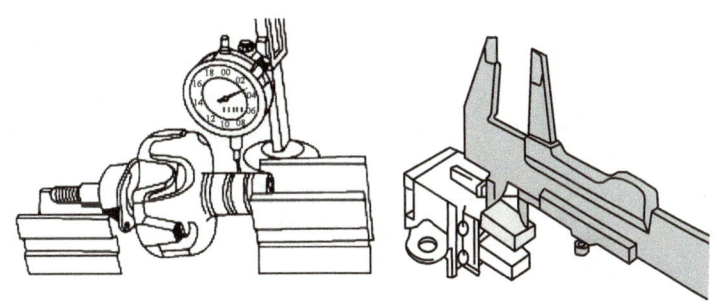

图 1-39　转子轴与电刷检查

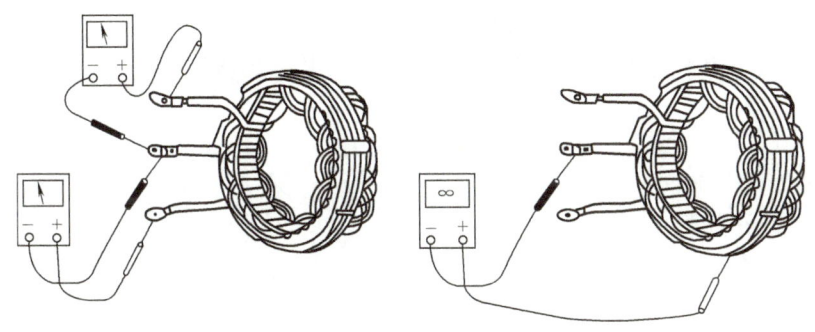

图 1-40　定子绕组短路与断路的检修

定子与搭铁之间的阻值：_____
定子的状态：　□正常　　□不正常

4）整流器的检修（见图 1-41）

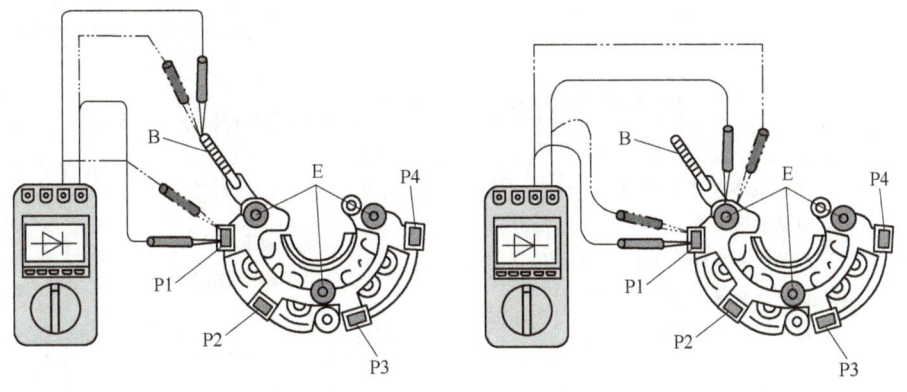

图 1-41　整流器的检修

正二极管：　□正常　　□不正常
负二极管：　□正常　　□不正常

5）电压调节器的检修（见图 1-42）

根据图 1-42 所示判断所给电压调节器的搭铁形式及好坏。

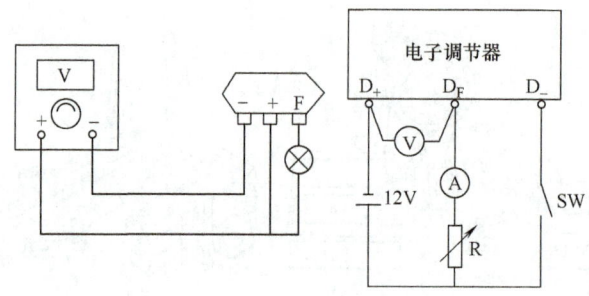

图 1-42 电压调节器的检修

电压调节器的搭铁形式： □内搭铁　□外搭铁
电压调节器的好坏： □正常　　□不正常
(3) 根据捷达轿车的特点，进行发电机的就车拆装（实操）

评价总结

1. 小组评价（见表 1-5，50 分）

表 1-5　小组评价表

操作项目	考核内容	评分标准	配分	扣分	得分
考前准备	作业服着装整齐，防护齐备 一次性备齐所需工具	根据情况酌情扣分	5 分		
操作步骤	1. 车辆或部件的安全防护 2. 确认故障现象 3. 故障检测流程符合工艺规范 4. 检测设备及工具使用正确 5. 记录检测结果并进行分析	某项未做不给分 操作方法不当扣 2 分	25 分		
文明操作	操作有序、规范	根据情况酌情扣分	5 分		
安全操作	无机具、人身事故	根据情况酌情扣分	10 分		
7S 管理	整理工具、清洁场地	根据情况酌情扣分	5 分		

2. 教师总体评价（50 分）

得分：_____

任务三　电源系统电路故障的检修

任务目标

1. 学会电源系统电路图的识读。
2. 能够对电源系统电路进行故障分析。
3. 能够对电源系统电路故障进行检修。

任务描述

在对电源系统电路故障进行检修时，需要掌握电源系统的工作原理，并能对电源系统进行日常维护，还需能够识读电源系统的电路图，继而诊断及排除电源系统的常见故障。

知识储备

1. 电源系统的电路原理

下面以捷达轿车为例，介绍电源系统的工作原理。

要解决电路故障，首先要看懂电路图，将电路图与实物结合起来。根据捷达轿车（2008 款）电路图画出的简图如图 1-43 所示。

捷达轿车电源系统的工作原理如下：

1）点火开关置于 ON 档，但发动机不运转时。当点火开关置于 ON 位置时，电流从蓄电池流向发电机。电流流向为：蓄电池→110A 熔断器→点火开关→S16 熔断器→组合仪表内充电指示灯→发电机转子→接地→蓄电池负极。组合仪表内的蓄电池充电指示灯亮起。

2）点火开关置于 ON 档，发动机运转时。发动机低转速运转时，发电机与蓄电池共同对外向用电设备供电，此时发电机也向充电指示灯供电，指示灯因两端电压相同而熄灭。当发动机高转速运转时，发电机对外向蓄电池与用电设备共同供电。

3）发电机 2 号接线端子送发电机电压信号到发动机控制单元，发动机控制单元根据此信号检测发电机的负载状况。

2. 电源系统电路的检修

1）确认故障现象。汽车电路的故障很难看出来，应认真观察故障现象，并结合电路原理进行分析。

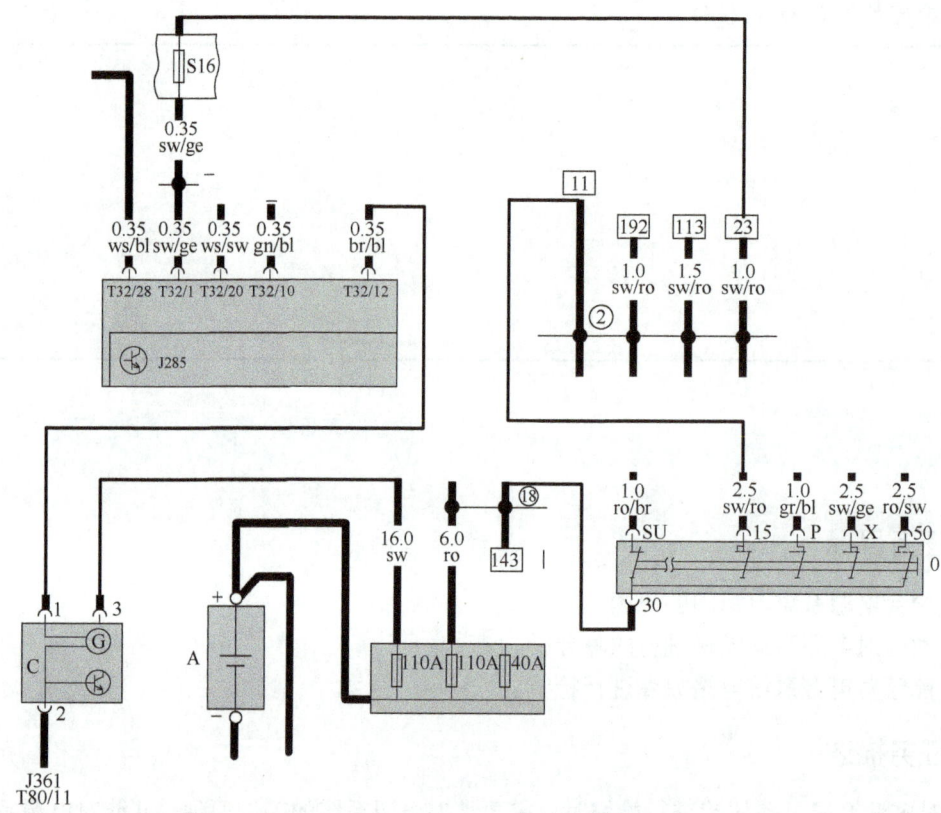

图1-43 捷达轿车电源系统的电路简图

例如一辆2008款捷达轿车,已行驶20000km,晚间放入车库,第二天清晨,客户用车,却发现车辆无法起动,连汽车仪表指示灯都不亮。

观察故障现象,该车无法起动,且仪表指示灯都不亮,这点对下面的故障分析十分重要。

2)故障原因分析。故障分析应是解决故障的重要一步,应该给予足够的重视。仪表指示灯均不亮,表示仪表供电或搭铁存在问题,也可能是蓄电池无电;起动无反应,表示起动系统存在故障或是蓄电池无电。

由以上现象分析可知,蓄电池无电是最有可能的原因。

3)制订检测预案。为了便于操作,按照先简后繁的原则,一般确定两处检测位置为宜,并确定相应检测节点。所谓检测位置,是指系统内某个元件的线束连接处,检测节点是线束连接处的某个线束插脚。根据以上故障原因分析,故障检测预案,详见表1-6。

表1-6 故障检测预案

检测位置	检测节点	检测条件	检测结果
蓄电池	"+"极与"-"极之间电压	插接器不断开	11V以上
110A熔断器	1脚电位	插接器不断开	11V以上
	2脚电位	插接器不断开	11V以上

项目一　汽车电源系统检修

当然,制订的预案可能与实际检测状况不一致。这时,可以根据检测的结果,重新确定检测位置及检测节点,直至故障解决。

4)制订任务计划。通过故障分析,可以确定电路故障的哪些元件是主要怀疑对象,针对这些元件要考虑在实施过程中是否需要维修手册,检测需要哪些设备,元件更换需要哪些工具,备件有无替换,所需时间是多少。根据以上内容,制订任务计划。

任务实施

1. 任务准备

任务所需的资料、设备、工具见表1-7。

表1-7　任务准备

维修资料	捷达轿车（2008款）电路图、维修手册
所需设备	万用表、试灯、整车、灯泡、胶布、导线
所需工具	座椅套、方向盘套、变速杆套、脚垫、翼子板布、常用工具

2. 完成下列各项任务

（1）根据捷达轿车（2008款）电路图,画出电路简图。

（2）在正常运转的捷达轿车上测量表1-8所列节点的电位

表1-8　检测节点的电位

检 测 位 置	检 测 节 点	检 测 条 件	检 测 结 果
蓄电池	正极-负极	点火开关断开	
发电机	插接器1脚	1)插接器断开 2)打开点火开关	
S16熔断器	1脚、2脚	打开点火开关	

（3）根据下面提供的故障案例,完成相应的题目。

一辆2008款捷达轿车,行驶了78000km,行驶途中,仪表盘内充电指示灯突然亮起。驾驶人停车检查,在发动机舱内未发现异常。

1)根据上述案例在实车上观察故障现象。

① 打开点火开关,如果发动机不运转,检查充电指示灯。

充电指示灯状况：　　□亮　　□不亮

② 发动机能否起动：　　□能　　□不能

③ 如果发动机能够起动,检查充电指示灯。

充电指示灯状况：　　□亮　　□不亮

2）根据观察到的故障现象进行故障分析。请在表1-9所列可能发生故障的元件或线路中进行选择，如没有列出，可在后面进行补充。

表1-9　可能发生故障的元件或线路

蓄电池　□	110A 熔断器　□
S16 熔断器　□	点火开关　□
组合仪表内充电指示灯　□	发电机　□
点火开关至仪表之间线路　□	发电机传动带　□

3）根据分析列出维修所需工具。

（4）根据图1-44分析发电机充电指示灯不亮的原因，该如何进行检测，在表1-10中填写检测节点的电位。

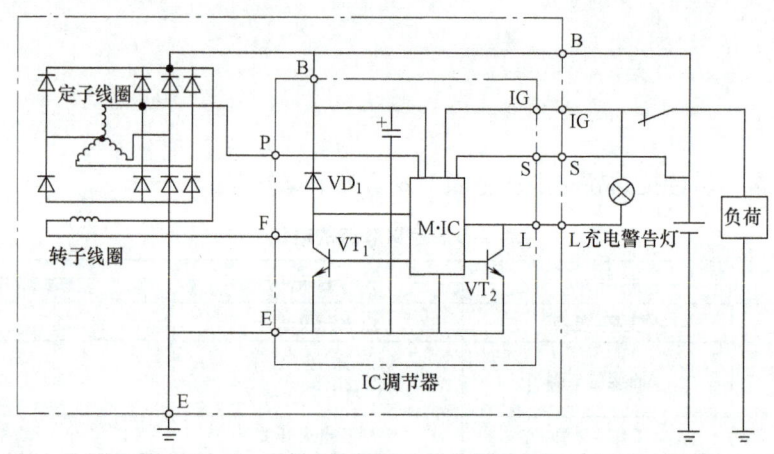

图1-44　发电机充电指示灯检测电路图

表1-10　检测节点的电位

检测位置	检测条件	检测节点	检测结果
发电机	1）插接器断开 2）打开点火开关	插接器 B 脚	
		插接器 IG 脚	
		插接器 S 脚	
		插接器 L 脚	

评价总结

1. 小组评价（见表1-11，50分）

表1-11 小组评价表

操作项目	考核内容	评分标准	配分	扣分	得分
考前准备	作业服着装整齐，防护齐备 一次性备齐所需工具	根据情况酌情扣分	5分		
操作步骤	1. 车辆或部件的安全防护 2. 确认故障现象 3. 故障检测流程符合工艺规范 4. 检测设备及工具使用正确 5. 记录检测结果并进行分析	某项未做不给分 操作方法不当扣2分	25分		
文明操作	操作有序、规范	根据情况酌情扣分	5分		
安全操作	无机具、人身事故	根据情况酌情扣分	10分		
7S管理	整理工具、清洁场地	根据情况酌情扣分	5分		

2. 教师总体评价（50分）

得分：_____

项目习题

一、选择题

1. 蓄电池亏电长期放置不用，容易造成（   ）。
 A. 极板硫化　　　B. 极板短路　　　C. 活性物质脱落
2. 蓄电池额定容量与（   ）有关。
 A. 单格数　　　B. 电解液数量　　　C. 单格内极板片数　　　D. 温度
3. 蓄电池电解液的相对密度一般为（   ）g/cm^3。
 A. 1.24～1.30　　　B. 1.15～1.20　　　C. 1.35～1.40
4. 蓄电池在正常使用过程中，如发现电解液的液面下降，应及时补充（   ）。

A. 电解液 　　　　　B. 稀硫酸 　　　　　C. 蒸馏水

5. 蓄电池极板上的活性物质在放电过程中都转变为（　　）。

A. 硫酸铅 　　　　　B. 二氧化铅 　　　　C. 铅

6. 交流发电机发电的首要条件是（　　）。

A. 具有剩磁 　　　　B. 依靠外部电源 　　C. 充磁

7. 交流发电机中产生磁场的装置是（　　）。

A. 定子 　　　　　　B. 转子 　　　　　　C. 电枢 　　　　　　D. 整流器

8. 外搭铁式电压调节器中的大功率晶体管是接在调节器的（　　）。

A. "+"与"-"之间

B. "+"与"F"之间

C. "F"与"-"之间

9. 交流发电机定子的作用是（　　）。

A. 发出三相交流电动势

B. 产生磁场

C. 变交流为直流

10. 发电机电压调节器是通过调整（　　）来调整发电机电压的。

A. 发电机的转速

B. 发电机的励磁电流

C. 发电机的输出电流

11. 发电机出现不发电故障，短接触点式电压调节器的"+"与F接线柱后，发电机开始发电，这说明故障出在（　　）。

A. 发电机 　　　　　B. 电流表 　　　　　C. 电压调节器

12. 外搭铁式电压调节器控制的是励磁绕组的（　　）。

A. 相线 　　　　　　B. 搭铁 　　　　　　C. 电流方向

13. 发电机正常工作后，其充电指示灯熄火，这时灯两端应（　　）。

A. 电压相等 　　　　B. 电位相等 　　　　C. 电位差相等 　　　D. 电动势相等

14. 检测电刷时，如发现电刷磨损应更换，其最小高度是（　　）。

A. 5~6mm 　　　　　B. 7~8mm 　　　　　C. 9~10mm 　　　　 D. 10~11mm

15. 发电机转子绕组断路、短路，可用万用表检查。若是转子线圈良好，则电阻必定符合规定；若是转子线圈有短路，则电阻值比规定值（　　）。

A. 小 　　　　　　　B. 大 　　　　　　　C. 略小 　　　　　　D. 略大

16. 若要检查硅二极管是否断路或短路，则需用（　　）。

A. 绝缘电阻表 　　　B. 万用表 　　　　　C. 百分表 　　　　　D. 其他表

二、简答题

1. 简述铅蓄电池的作用及组成。

2. 为什么单格电池内负极板比正极板多一片？

3. 为什么交流发电机不需要限流器？

4. 如果发电机的电枢接线柱搭铁，将对发电机、电流表、蓄电池等的工作产生什么影响？

项目二

汽车起动系统检修

项目描述

通过本项目的学习,学生可掌握汽车起动系统主要组成部分的结构及作用;能够学会起动机的拆装、整机检测及解体后主要部件的检测;掌握起动系统常见故障的诊断和排除方法;能正确识读起动系统的电路图。

任务一 起动机的认知与检修

任务目标

1. 了解起动系统的结构与工作原理。
2. 能够就车拆装起动机。
3. 能够对起动机进行解体与检修。

任务描述

通过学习,了解起动系统的工作原理,能够从车上拆装起动机,并且能够对起动机进行解体与检修。

知识储备

1. 起动机的作用与结构

(1)作用 起动机的作用就是起动发动机,发动机起动之后,起动机便立即停止工作。起动机安装在汽车发动机飞轮壳前端的座孔上,如图 2-1 所示。

(2)结构与工作过程 起动机由串励直流电动机、传动机构和操纵机构三个部分组成。

1)串励直流电动机。串励直流电动机的作用是将蓄电池输入的电能转换为机械能,产

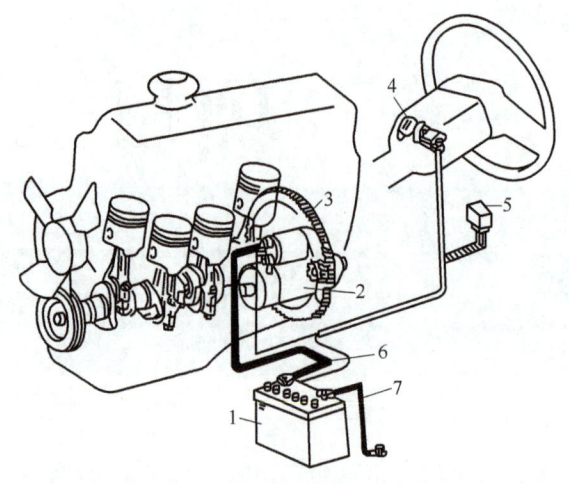

图 2-1 起动机在发动机上的安装位置

1—蓄电池 2—起动机 3—飞轮 4—点火开关 5—起动继电器 6—起动机电缆 7—搭铁电缆

生电磁转矩。

2）传动机构。传动机构又称起动机离合器、啮合器。传动机构的作用是在发动机起动时，使起动机轴上的小齿轮啮入飞轮齿圈，将起动机的转矩传递给发动机曲轴；在发动机起动后，又能使起动机小齿轮与飞轮齿圈自动脱开。

传动机构一般由驱动齿轮、单向离合器、拨叉和回位弹簧等组成，如图 2-2 所示。结构和工作情况比较复杂的是单向离合器，它的作用是传递电动机转矩、起动发动机，而在发动机起动后自动打滑，保护起动机电枢不致飞散。常用的单向离合器主要有滚柱式、摩擦片式和弹簧式等。

3）操纵机构。操纵机构的作用是用来接通和断开电动机与蓄电池之间的电路。现代汽车上广泛使用电磁式控制装置（电磁开关），如图 2-3 所示。电磁式控制装置主要由吸引线圈、保持线圈、复位弹簧、可动铁心和接触片等组成。其中，50 端子接点火开关，通过点火开关再接电源，30 端子直接接电源。

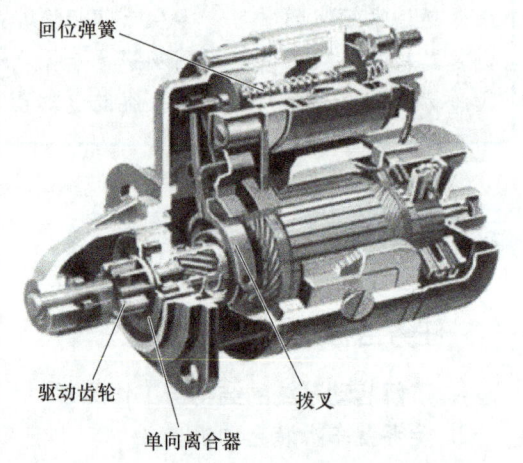

图 2-2 起动机的传动机构

电磁式控制装置的工作过程如下：如图 2-4 所示，车辆起动时，点火钥匙打到 START 位，电流经蓄电池正极→50 端子→吸引线圈→导电片→端子 C→起动机励磁绕组→电枢→搭铁→蓄电池负极构成回路，起动机慢慢转动，同时电流由电磁开关 50 端子经保持线圈，回到蓄电池负极。吸引线圈与保持线圈产生同方向的电磁力，在电磁力作用下，铁心压缩复位弹簧，向左移动，带动拨叉，使驱动小齿轮与发动机飞轮啮合，电磁开关内的接触盘此时将 C 端子与 30 端子、旁通接线柱相继接通，电流经蓄电池正极→30 端子→接触盘→C 端子→起动机励磁绕组→电枢→搭铁→蓄电池负极构成回路，起动机主电路接通，起动机电枢产生电磁转矩，起动发动机。此时吸引线圈被短路，保持线圈的电磁力使驱动小齿轮与飞轮保持啮合，保证发动机起动点火。起动后，发动机飞轮转速超过起动机电枢时，单向离合器切断飞轮与小齿轮之间的动力传递，保护起动机。松开点火开关，50端子断电，由于机械惯性，短时间内接触盘仍将30端子与C端子接通，蓄电池电流经接触盘→吸引线圈→保持线圈→搭铁→蓄电池负极构成回路，吸引线圈与保持线圈产生相反方向的电磁力，接触盘接触不牢，在复位弹簧的作用下，铁心迅速回位，接触盘与C端子、30端子分开，起动主电路被断开，起动完毕。

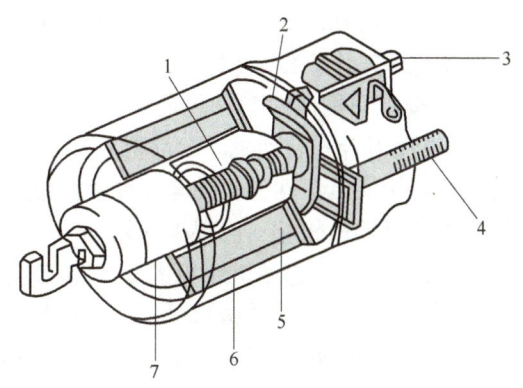

图 2-3　电磁式控制装置

1—复位弹簧　2—接触片　3—30端子　4—50端子
5—吸引线圈　6—保持线圈　7—可动铁心

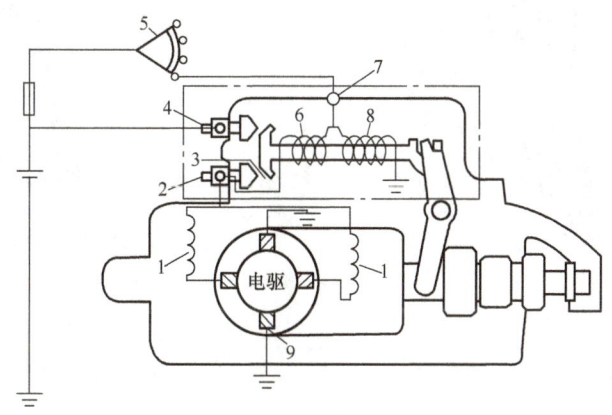

图 2-4　起动机控制电路

1—励磁绕组　2—C端子　3—旁通接线柱　4—30端子　5—点火开关
6—吸引线圈　7—50端子　8—保持线圈　9—电刷

2. 起动机的分类

在各种起动机的三个组成部分中，电动机部分一般没有本质的差别。但近些年来，由于出现了永磁式起动机，因此，按磁场产生的方式可将起动机分为励磁式起动机和永磁式起动机。永磁式起动机以永磁材料为磁极，由于电动机中无磁极绕组，故可使起动机结构简化，体积和质量都相应减小。而起动机的传动机构和操纵机构则有很大差异，因此起动机主要是按传动机构和操纵机构的不同来分类的。

（1）按操纵机构分类

1）直接操纵式起动机。它是由脚踏或手拉杠杆联动机构直接控制起动机的主电路开关来接通或切断主电路，也称机械式起动机。这种方式虽然结构简单、工作可靠，但由于要求起动机、蓄电池靠近驾驶室，而受安装布局的限制，因而操作不便，已很少采用。

2）电磁操纵式起动机。它是由按钮或点火开关控制继电器，再由继电器控制起动机的主开关来接通或切断主电路，也称电磁控制式起动机。这种方式可实现远距离控制，操作方便，在现代汽车上广泛采用。

(2) 按传动机构的啮合方式分类

1) 惯性啮合式起动机。起动机旋转时，其啮合小齿轮靠惯性力自动啮入飞轮齿圈；起动后，小齿轮又借惯性力自动与飞轮齿圈脱离。这种啮合机构结构简单，但不能传递较大的转矩，而且可靠性较差，已很少采用。

2) 强制啮合式起动机（见图2-5）。它是靠人力或电磁力拉动杠杆强制小齿轮啮入飞轮齿圈的。这种啮合机构结构简单、动作可靠、操作方便，仍被现代汽车所采用。

3) 减速式起动机（见图2-6）。它也是靠电磁吸力推动单向离合器，使小齿轮啮入飞轮齿圈的。减速起动机的结构特点在电枢和驱动齿轮之间装有一级减速齿轮（一般减速比为3～4）。

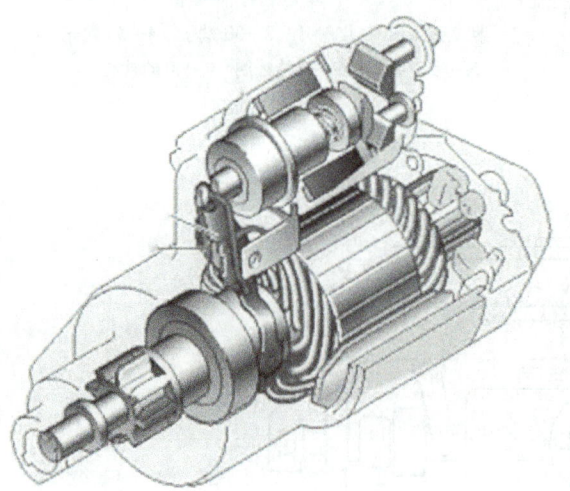

图2-5　强制啮合式起动机

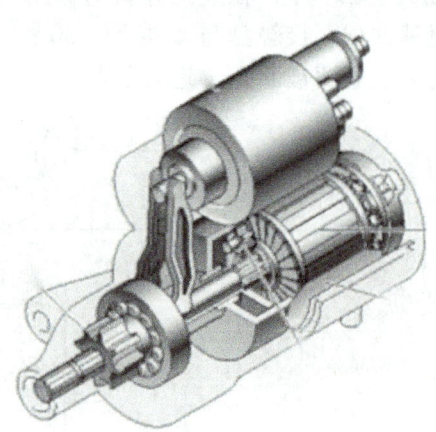

图2-6　减速式起动机

它的优点是：可采用小型高速低转矩的电动机，使起动机的体积减小、质量减少35%左右，并便于安装；提高了起动机的起动转矩，有利于发动机的起动；电枢轴较短，不易弯曲；减速齿轮的结构简单、效率高，保证了良好的机械性能；同时拆装修理方便。

3. 起动机的拆装工艺

捷达轿车的发动机和变速器连接在一起，在发动机舱内为三点支撑，前端的支撑点通过起动机螺栓将起动机与发动机共同连接在前端支架上，拆装时需要支撑发动机。起动机的拆卸步骤如下：

1) 断开蓄电池负极端子。

2) 断开起动机电缆及插接器。

3) 从上侧拆卸起动机上侧固定螺栓。

4) 将车辆用举升机升起，从下侧用立式千斤顶支撑发动机。

5) 从下侧拆卸余下的两根螺栓，取下起动机。

4. 起动机的解体与检修

(1) 电枢总成的检修

1) 电枢轴。用游标卡尺检测轴颈外径与衬套内径，配合间隙应为0.035～0.077mm，最大不超过 0.15mm，间隙过大应更换衬套并重新铰配。电枢轴弯曲可用百分表检测，其径向跳动应不大于 0.15mm，否则应予以校正，如图 2-7 所示。

2）换向器。检查换向器表面有无烧蚀和圆度误差是否合格。轻微烧蚀用 00 号砂纸打磨，严重时应予以车削。换向器与电枢轴的同轴度误差不大于 0.03mm，否则应在车床上进行修整。换向器直径不小于标准值 1.10mm，换向片高出云母片 0.40~0.80mm。换向器直径的检查如图 2-8 所示。

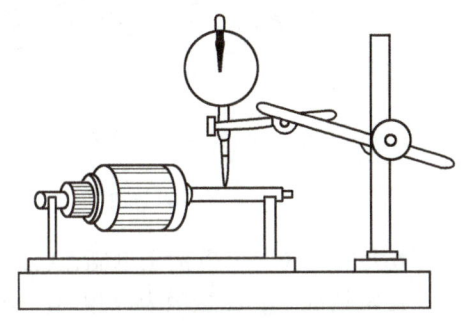
图 2-7 电枢轴的检查

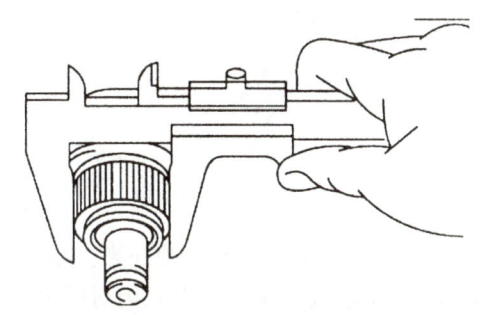
图 2-8 换向器直径的检查

3）电枢。

① 电枢绕组搭铁的检查。用万用表检查时，其表笔分别搭在换向器和铁心（或电枢轴）上，阻值应为无穷大；若阻值为零，则为搭铁，应更换。电枢绕组搭铁的检查如图 2-9 所示。

② 电枢绕组短路的检查。把电枢放在万能试验台检验器上，接通电源，将锯片放在检验器上并转动电枢。锯片不振动表明电枢绕组无短路，否则为电枢绕组短路，应予以修理或更换。电枢绕组短路的检查如图 2-10 所示。

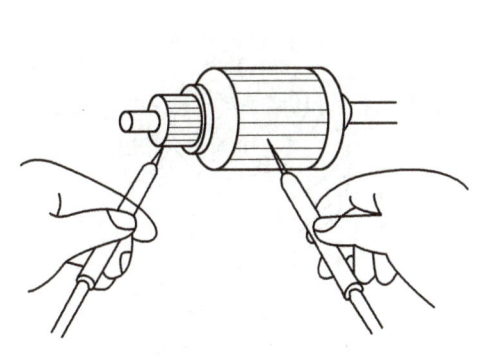
图 2-9 电枢绕组搭铁的检查

图 2-10 电枢绕组短路的检查

③ 电枢绕组断路的检查。检视电枢绕组的导线是否甩出或脱焊。用万用表两支表笔分别依次与相邻换向器接触，其读数应一致，否则说明电枢绕组断路，断路应更换。电枢绕组断路的检查如图 2-11 所示。

（2）定子绕组的检查

1）励磁绕组搭铁的检查。用万用表的两支表笔分别接励磁接线柱 50 端子和外壳，若阻值为无穷大，则正常；若阻值为零，则说明有搭铁故障。励磁绕组搭铁的检查如图2-12所示。

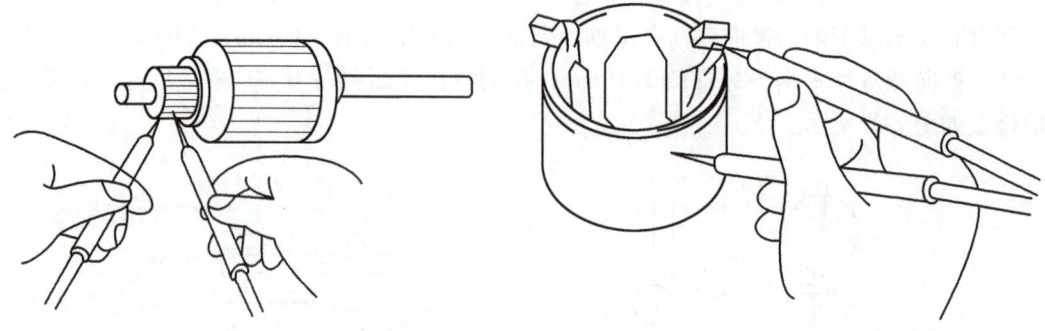

图2-11 电枢绕组断路的检查　　　　图2-12 励磁绕组搭铁的检查

2）定子绕组短路、断路的检查。蓄电池正极接起动机接线柱，负极接正电刷，将螺钉旋具放在每个磁极上迅速检查磁极对螺钉旋具的吸力，正常情况下，磁极吸力应相同。磁极吸力弱的为匝间短路，各磁极均无吸力为断路，如图2-13所示。若用万用表置于电阻档，测量接线柱与正电刷的导通情况，如不导通，说明断路。

（3）电刷总成的检修

1）电刷高度的检查。电刷磨损后的高度不应小于电刷原高度的一半，一般不小于10mm。电刷应在架内活动自如，无卡滞，电刷与换向器的接触面积不低于80%。

2）电刷架的检查。用万用表电阻档测量两绝缘电刷架与电刷架座盖间的阻值，阻值应为无穷大，否则说明绝缘体损坏；用相同方法测量两搭铁电刷架与电刷架座盖间的阻值，阻值为零，否则说明电刷架松动，搭铁不良。

3）电刷弹簧的检查。用弹簧秤检查弹簧的弹力，应为11.76~14.7N，如过弱应更换。电刷弹簧的检查如图2-14所示。

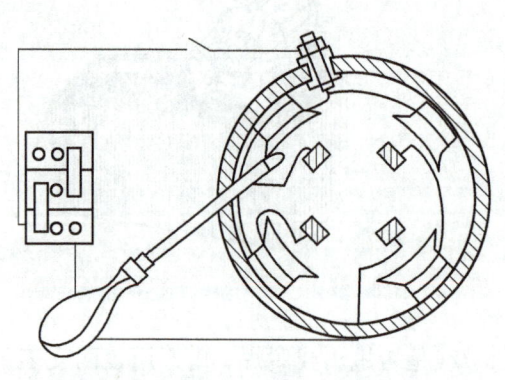 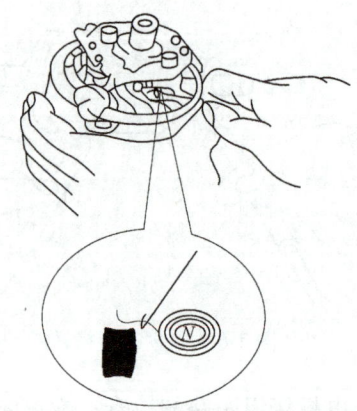

图2-13 励磁绕组短路、断路的检查　　　　图2-14 电刷弹簧的检查

（4）单向离合器的检查。按顺时针转动驱动齿轮，应自由转动；逆时针转动时应该被锁住。单向离合器的检查如图2-15所示。

(5) 电磁开关的检修

1) 将万用表两支表笔分别接于励磁接线柱 50 端子和电磁开关外壳，若有电阻，说明保持线圈良好；若电阻为零，则为短路；若电阻无穷大，则为断路。短路或断路都应更换。保持线圈的检查如图 2-16 所示。

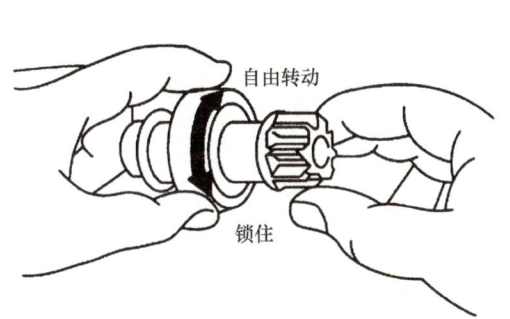

图 2-15　单向离合器的检查　　　　　　图 2-16　保持线圈的检查

2) 将万用表两支表笔分别接于励磁接线柱 50 端子和起动机接线柱 C 端子，若有电阻，说明吸引线圈良好；若电阻为零，则为线圈短路；若电阻无穷大，则为线圈断路。线圈短路或断路都应更换。吸引线圈的检查如图 2-17 所示。

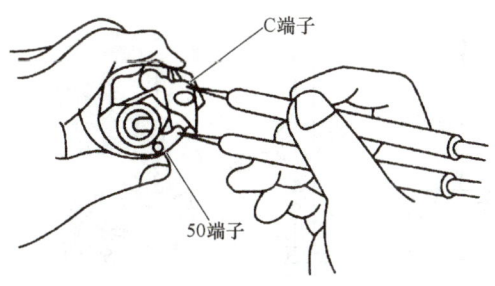

图 2-17　吸引线圈的检查

3) 用手将接触盘铁心压住，让电磁开关上的电源接线柱与起动机接线柱连通，测量两接线柱间的电阻值应为零，否则为接触不良。

任务实施

起动机的检修

1. 任务准备

任务所需的资料、设备、工具见表 2-1。

表 2-1　任务准备

维修资料	捷达轿车维修手册
所需设备	捷达轿车（2008 款）整车、起动机、常用工具、万用表等
所需工具	座椅套、方向盘套、变速杆套、脚垫、翼子板布、常用工具

2. 完成下列各项任务

（1）根据捷达轿车起动机的实物，简述其工作过程。

（2）根据捷达轿车的结构，简述拆装起动机的步骤。

（3）捷达轿车起动机的解体与检修。

1）电枢轴的检查（见图2-18）。

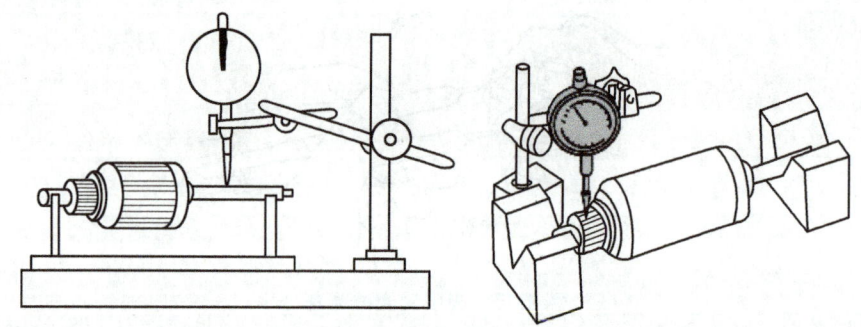

图 2-18　电枢轴的检查

电枢轴跳动量_____换向器圆跳动量_____
□正常　　　　　□不正常

2）换向器的检查（见图2-19）。

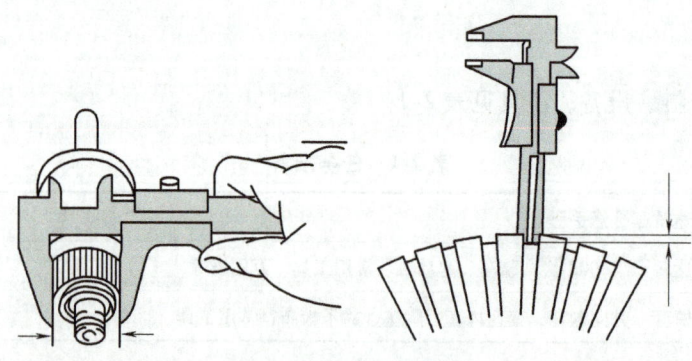

图 2-19　换向器的检查

换向器的直径_____凹槽深度_____
□正常　　　　　□不正常

3）换向器断路与短路的检查（见图2-20）。

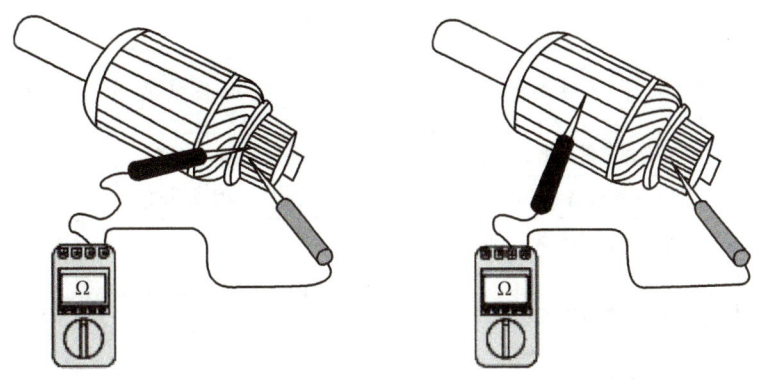

图2-20　换向器断路与短路检查

换向器断路检查　　□正常　　　　　□不正常
换向器短路检查　　□正常　　　　　□不正常

4）电磁开关及单向离合器的检查（见图2-21）。

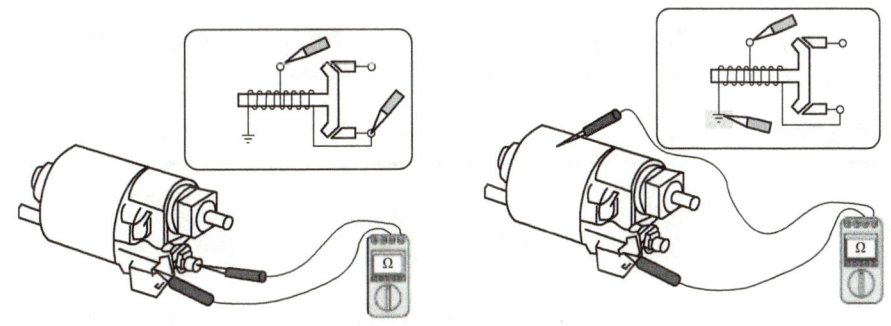

图2-21　电磁开关及单向离合器的检查

电磁开关的检查　　□正常　　　　　□不正常

5）单向离合器的检查（见图2-22）。

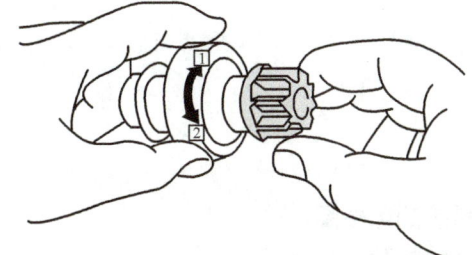

图2-22　单向离合器的检查

单向离合器的检查　　□正常　　　　　□不正常

评价总结

1. 小组评价（见表2-2，50分）

表2-2 小组评价表

操作项目	考核内容	评分标准	配分	扣分	得分
考前准备	作业服着装整齐，防护齐备 一次性备齐所需工具	根据情况 酌情扣分	5分		
操作步骤	1. 车辆或部件的安全防护 2. 确认故障现象 3. 故障检测流程符合工艺规范 4. 检测设备及工具使用正确 5. 记录检测结果并进行分析	某项未做不给分 操作方法不当扣2分	25分		
文明操作	操作有序、规范	根据情况酌情扣分	5分		
安全操作	无机具、人身事故	根据情况酌情扣分	10分		
7S管理	整理工具、清洁场地	根据情况酌情扣分	5分		

2. 教师总体评价（50分）

得分：_____

任务二　起动系统电路故障的检修

任务目标

1. 能够正确识读起动系统的电路图。
2. 能够对起动系统电路的故障进行分析。
3. 能够对起动系统电路的故障进行检修。

任务描述

对汽车起动电路的故障进行检修，需要进行起动电路原理分析，需要掌握起动系统的日常维护作业工作能力，还需能够分析起动系统的电路图，继而诊断及排除起动系统的常见故障。

知识储备

捷达轿车起动系统的工作原理如图 2-23 所示。点火开关旋至 STAR 档，其电流分为两条支路。

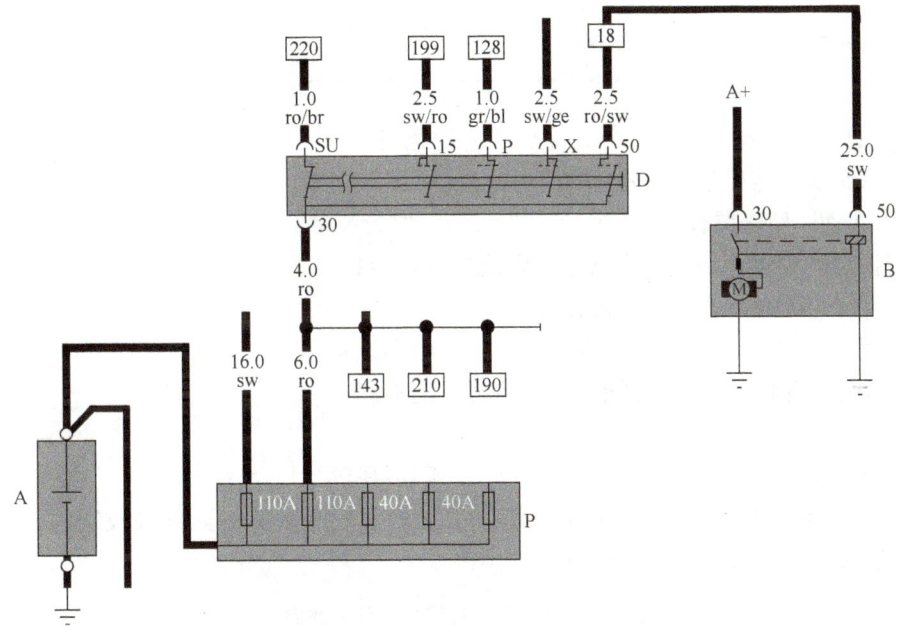

图 2-23　捷达轿车起动系电路简图

1）控制电路。电流流向为蓄电池正极→110A 熔断器→点火开关起动机 50 端子→搭铁→蓄电池负极。起动机电磁开关工作，接通起动机主电路。

2）起动机主电路。电磁开关吸合，电流流向为蓄电池正极→起动机 30 端子→搭铁→蓄电池负极。

任务实施

1. 任务准备

任务所需的资料、设备、工具见表 2-3。

表 2-3　任务准备

维修资料	捷达轿车（2008 款）电路图、维修手册
所需设备	万用表、试灯、整车、灯泡、胶布、导线
所需工具	座椅套、方向盘套、变速杆套、脚垫、翼子板布、常用工具

2. 完成下列各项任务

（1）根据捷达轿车（2008 款）电路图，画出起动电路简图。

（2）在正常运转的捷达轿车上测量表 2-4 所列节点的电位。

表 2-4

检测位置	检测节点	检测条件	正常结果
起动机	50 端子电位	1. 插接器断开 2. 点火开关旋至 START 档	
点火开关	30 端子电位	插接器不断开	
	50 端子电位	1. 插接器不断开 2. 点火开关旋至 START 档	

（3）根据下面提供的故障案例，完成相应的题目。

一辆 2008 款捷达轿车，行驶 120000km，晚间放入车库，第二天清晨，客户用车，却发现车辆无法起动，特来维修。

1）根据上述案例，在实车上观察故障现象并进行记录。

① 打开点火开关（发动机不运转）。

仪表指示灯状况： □正常　　　□不正常

② 发动机能否起动： □能　　　□不能

③ 打开汽车前照灯。

汽车前照灯状况： □亮　　　□不亮

2）根据观察的故障现象进行故障分析。请在可能发生故障的元件或线路中进行选择，如表 2-5 没有列出，可在后面进行补充。

表 2-5　可能发生故障的元件或线路

蓄电池	□	110A 熔断器	□
起动机	□	点火开关	□
点火开关至起动机线路	□	发电机	□

3）根据分析列出维修所需的工具。

4）根据图 2-24 分析起动无反应的原因，该如何进行检测，列出检测节点的电位。

项目二 汽车起动系统检修

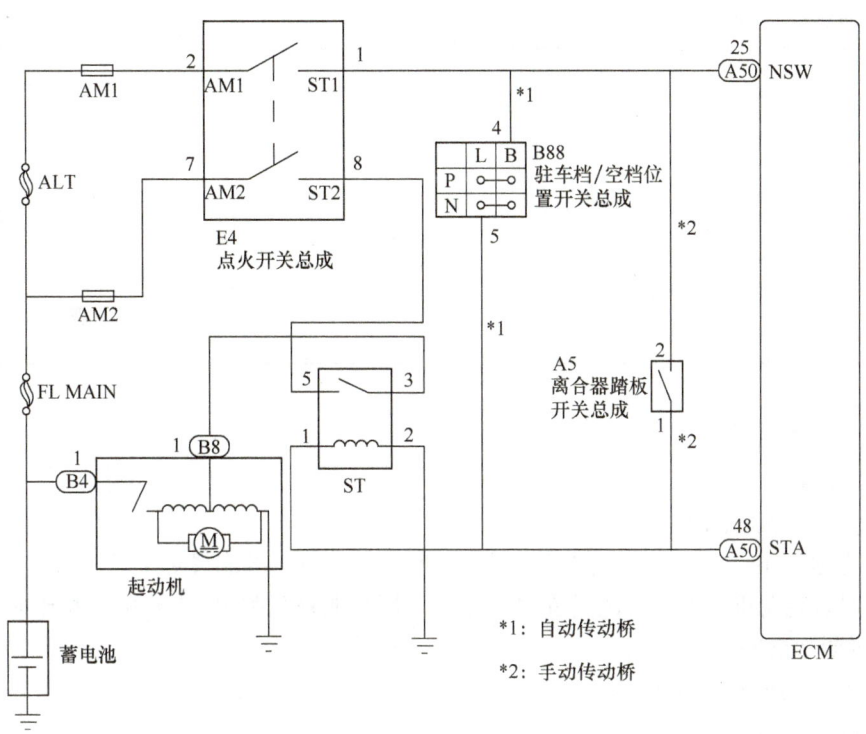

图 2-24　故障案例电路图

评价总结

1. 小组评价（见表 2-6，50 分）

表 2-6　小组评价表

操作项目	考核内容	评分标准	配分	扣分	得分
考前准备	作业服着装整齐，防护齐备 一次性备齐所需工具	根据情况 酌情扣分	5 分		
操作步骤	1. 车辆或部件的安全防护 2. 确认故障现象 3. 故障检测流程符合工艺规范 4. 检测设备及工具使用正确 5. 记录检测结果并进行分析	某项未做不给分 操作方法不当扣 2 分	25 分		
文明操作	操作有序、规范	根据情况酌情扣分	5 分		
安全操作	无机具、人身事故	根据情况酌情扣分	10 分		
7S 管理	整理工具、清洁场地	根据情况酌情扣分	5 分		

2. 教师总体评价（50 分）

得分：_____

项目习题

一、选择题

1. 起动机空转的原因之一是（　　）。
   A. 蓄电池亏电　　　　B. 单向离合器打滑　　　　C. 电刷过短

2. 在判断起动机不能运转的过程中，在车上短接电磁开关 30 端子和 C 端子时，起动机不运转，说明故障在（　　）。
   A. 起动机的控制系统中
   B. 起动机本身
   C. 不能进行区分

3. 起动机驱动轮的啮合位置由电磁开关中的（　　）绕组的吸力保持。
   A. 保持　　　　　　B. 吸引　　　　　　C. 一次　　　　　　D. 二次

4. 起动机工作时，要求短路附加电阻与主电路接通时刻的关系是（　　）。
   A. 短路附加电阻早些或同时
   B. 主电路接通早些
   C. 二者必须同时

5. 直流串励式电动机的转矩，在磁路未饱和时与（　　）。
   A. 电枢电流成正比
   B. 电枢电流的二次方成正比
   C. 电枢电流的大小无关

6. 讨论起动机励磁绕组与电枢绕组的连接方式，甲认为串联，乙认为并联，你认为（　　）。
   A. 甲对　　　　　　　　　　　　　B. 乙对
   C. 甲乙都对　　　　　　　　　　　D. 甲乙都不对

7. 探讨起动系统，下面哪项是正确的（　　）。
   A. 测量吸引线圈是指测量起动机接线柱与壳体
   B. 起动机的工作原理是动电生磁
   C. 四个磁极起动机相对的两个磁极的内侧是同性磁极
   D. 起动机换向器的作用是维持电枢定向运转

8. 起动机无力起动时，短接起动开关两主线柱后，起动机转动仍然缓慢无力，甲认为起动机本身故障，乙认为蓄电池电量不足，你认为（　　）。

　　A. 甲对 　　　　　　　　　　　　　　　B. 乙对

　　C. 甲乙都对 　　　　　　　　　　　　　D. 甲乙都不对

9. 在将起动机传动叉压到极限位置时，驱动小齿轮与止推垫圈之间必须保持适当的间隙，这个间隙一般为（　　）mm。

　　A. 1.5±1 　　　　B. 2.5±1 　　　　C. 3.5±1 　　　　D. 4.5±1

10. 起动机在汽车的起动过程中是（　　）。

　　A. 先接通起动电源，然后让起动机驱动齿轮与发动机飞转齿圈正确啮合

　　B. 先让起动机驱动齿轮与发动机飞轮齿圈正确啮合，然后接通起动电源

　　C. 在接通起动电源的同时，让起动机驱动齿轮与发动机飞转齿圈正确啮合

　　D. 以上都不对

11. 起动系统故障分析：点火开关在起动位置时，不能起动，但有磁吸声，用一字螺钉旋具短接电源接线柱与电磁开关接线柱，能起动。甲认为控制电流过小，导致磁力不足，乙认为起动继电器触点接触不良或连接线接触不良，你认为（　　）。

　　A. 甲对 　　　　　　　　　　　　　　　B. 乙对

　　C. 甲乙都对 　　　　　　　　　　　　　D. 甲乙都不对

二、简答题

1. 简述起动系统的工作过程。

2. 简述电磁开关的工作过程。

3. 分析起动机运转无力的故障原因。

项目三

发动机点火系统检修

项目描述

通过本项目的学习,学生掌握发动机点火系统的作用、组成、电路及工作原理;掌握电子点火系统常见故障的判断及排除;掌握电控点火系统的组成、工作原理;掌握电控点火系统的使用维护及故障诊断。

任务一　点火系统的认知

任务目标

1. 熟悉点火系统的作用、分类与要求。
2. 熟悉电子点火系统的组成与工作原理。
3. 掌握电子点火系统的拆装工艺。
4. 掌握电控点火系统的基本功能。

任务描述

通过学习,了解点火系统的工作原理,能够从车上指出点火系统各部件在车上的位置,并且能够对各部件进行拆装。

知识储备

1. 点火系统的作用、分类与要求

(1) 作用　点火系统的作用是:将电源的低电压变成高电压,再按照发动机点火顺序轮流送至各气缸,点燃压缩混合气;并能适应发动机工况和使用条件的变化,自动调节点火时刻,实现可靠而准确地点火。

(2) 分类　点火系统按采用的电源不同，可分为蓄电池点火系统和磁电机点火系统两大类。蓄电池点火系统按是否采用电子元件控制可分为传统点火系和电子点火系统。

1) 传统点火系统。汽车上的蓄电池或发电机向点火系统提供电能，机械触点控制点火时刻，点火时刻的调节采用机械式自动调节机构，储能方式为电感储能。传统点火系统结构简单、成本低，是一种应用较早、较普遍的点火系统。但该点火系统工作可靠性差，点火状况受转速、触点技术状况影响较大，需要经常维修、调整。随着汽车技术的发展，传统点火系统越来越不适应现代发动机对点火的要求，已被微机控制的点火系统所取代。

2) 电子点火系统。蓄电池或发电机向点火系统提供电能，晶体管控制点火时刻，点火时刻的调节采用机械式调节机构或电子调节机构，储能方式有电感储能和电容储能两种。电子点火系统的点火电压和点火能量高，受发动机工况和使用条件的影响小，结构简单，工作可靠，维护、调整工作量小，节约燃油，减少污染。

电子点火系统按点火信号不同分为三类：磁脉冲式、霍尔式、光电式。

(3) 要求　无论是哪一类的点火装置，均有共同的技术性能要求，即应在发动机各种工况和使用条件下保证可靠而准确地点火，为此应满足以下三个方面的要求：

1) 能产生足以击穿火花塞间隙的电压。
2) 火花应具有足够的能量。
3) 点火时刻应适应发动机的工作情况。

2. 电子点火系统的结构组成与工作原理

普通电子点火系统一般由点火信号发生器、电子点火器、分电器总成、点火线圈和火花塞等主要部件组成，如图3-1所示。

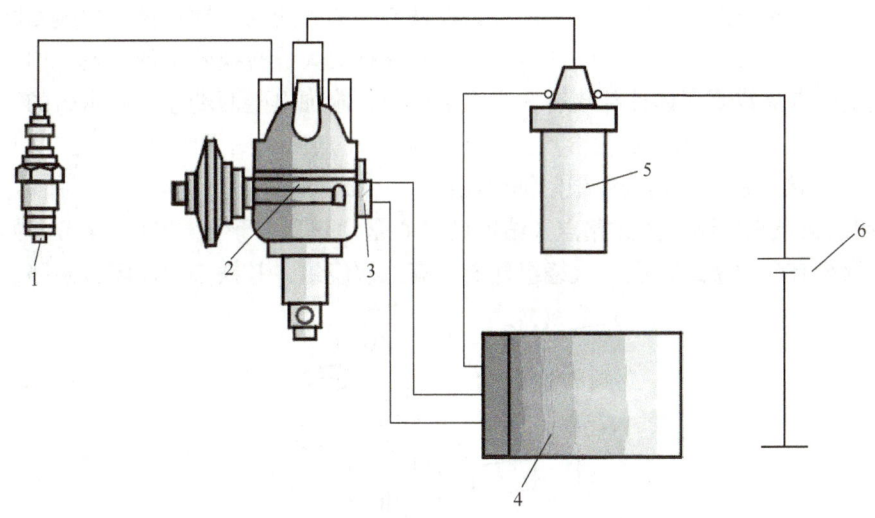

图3-1　普通电子点火系统组成

1—火花塞　2—分电器总成　3—点火信号发生器　4—电子点火器　5—点火线圈　6—蓄电池

(1) 点火线圈　按铁心形状不同可分为开磁路式和闭磁路式两种。

1) 开磁路点火线圈。传统的开磁路点火线圈的基本结构如图3-2所示，主要由铁心、绕组、胶木盖和瓷杯等组成。

铁心用0.3~0.5mm厚的硅钢片叠成，铁心上绕有一次绕组和二次绕组。二次绕组居

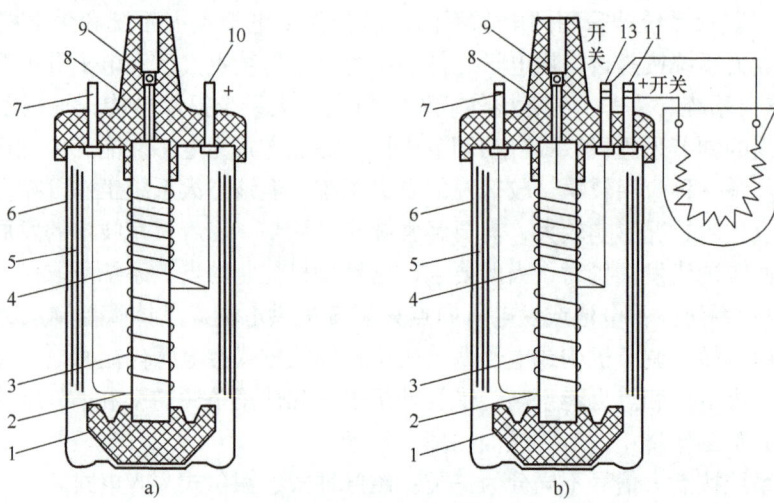

图 3-2 点火线圈结构示意图

a) 两接线柱点火线圈   b) 三接线柱点火线圈

1—瓷杯 2—铁心 3——次绕组 4—二次绕组 5—钢片 6—外壳 7—"—"接线柱
8—胶木盖 9—高压线插座 10—"＋"接线柱 11—"＋开关"接线柱 12—附加电阻 13—"开关"接线柱

内,通常用直径为 0.06~0.10mm 的漆包线绕 11000~26000 匝;一次绕组居外,通常用 0.5~1.0mm 的漆包线绕 230~370 匝。二次绕组的一端连接在盖子上高压插孔中的弹簧片上,另一端与一次绕组的一端相连;一次绕组的两端则分别连接在盖子上的低压接线柱上。绕组与外壳之间装有导磁钢套并填满沥青或变压器油,以减少漏磁、加强绝缘性并防止潮气侵入。传统的开磁路点火线圈中,二次绕组在铁心中的磁通通过导磁钢套构成回路,磁力线的上、下部分从空气中通过,磁路的磁阻大,磁通损失大,转换效率低(约60%)。

三接线柱点火线圈壳体外部装有一个附加电阻,附加电阻两端连至胶木盖的"＋开关"和"开关"接线柱,其作用是改善点火性能。两接柱点火线圈无附加电阻在点火开关与点火线圈"＋"接线柱间,连入一根附加电阻线。

2)闭磁路点火线圈。闭磁路点火线圈的铁心是"日"字形或"口"字形,如图3-3所示,铁心内绕有一次绕组,在一次绕组外面绕有二次绕组,其铁心构成闭合磁路,磁路中只

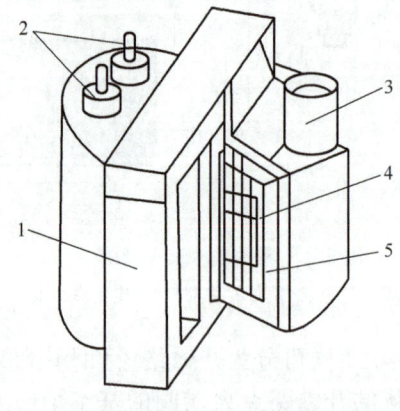

图 3-3 闭磁路点火线圈的结构

1—"日"字形铁心 2——次绕组接线柱 3—高压接线柱 4——次绕组 5—二次绕组

设有一个微小的气隙,其磁路如图 3-4 所示。闭磁路点火线圈漏磁少,磁阻小,能量损失小,变换效率高,可使点火线圈小型化。

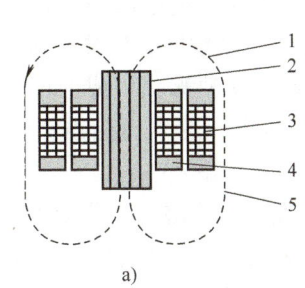
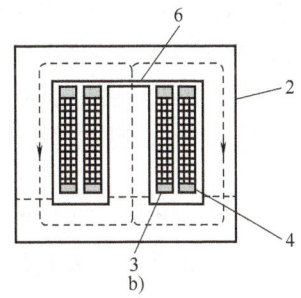

图 3-4 点火线圈磁路
a) 开磁路点火线圈的磁路 b) 闭磁路点火线圈的磁路
1—磁力线 2—铁心 3——次绕组 4—二次绕组 5—导磁钢片 6—空气隙

3) 点火线圈的工作原理。点火线圈之所以能将低压电变成高压电,是由于它有与普通变压器相同的形式,一次绕组与二次绕组的匝数比大。但点火线圈的工作方式却与普通变压器不一样,普通变压器是连续工作的,而点火线圈则是断续工作的,它根据发动机不同的转速以不同的频率反复进行储能及放能。

当一次绕组接通电源时,随着电流的增长其周围产生一个很强的磁场,铁心储存了磁场能;当开关装置使一次绕组电路断开时,一次绕组的磁场迅速衰减,二次绕组就会感应出很高的电压。一次绕组的磁场消失速度越快,电流断开瞬间的电流越大,两个绕组的匝数比越大,则二次绕组感应出来的电压越高。

(2) 火花塞 火花塞的作用是将高压电引进发动机燃烧室,在电极间形成火花,以点燃可燃混合气。火花塞拧装于气缸盖的火花塞孔内,下端电极伸入燃烧室,上端连接分缸高压线。

1) 结构。火花塞主要由接触头、瓷绝缘体、中心电极、侧电极和壳体等部分组成,如图 3-5 所示。

在钢质外壳的内部固定有高氧化铝陶瓷绝缘体,在绝缘体中心孔的上部有金属杆,杆的上端有接线螺母,用来接高压导线,下部装有中心电极。金属杆与中心电极之间用导体玻璃密封,铜质内垫圈起密封和导热作用。钢质外壳的上部有便于拆装的六角平面,下部有螺纹以便旋装在发动机气缸盖内,外壳下端固定有弯曲的侧电极。

电极一般采用耐高温、耐腐蚀的镍锰合金钢等制成,也有采用镍包铜材料制成,以提高散热性能。火花塞的电极间隙多为 0.6~0.7mm,电子点火的火花塞间隙可增大至 1.0~1.2mm。

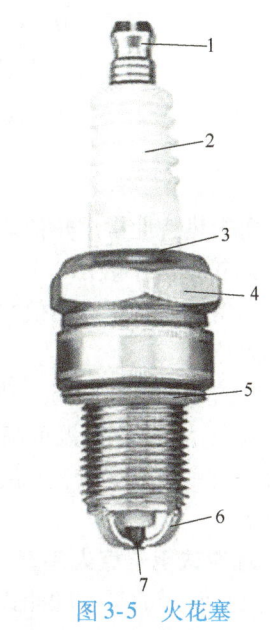

图 3-5 火花塞
1—接线柱 2—绝缘体 3—垫圈 4—壳体
5—密封垫 6—旁电极 7—中心电极

火花塞与气缸盖座孔之间应保证密封,密封方式有平面密封和锥面密封两种。平面密封是在火花塞与座孔之间加装铜包石棉垫圈；锥面密封则是靠火花塞壳体的锥形面与气缸盖之间相应的锥形面进行密封。

2）火花塞的热特性。火花塞正常工作时，裙部（主要是绝缘体部分）的温度应保持在500～700℃，这样才能使落在绝缘体上的油滴立即烧掉，不致形成积炭，通常称这个温度为火花塞的"自净温度"。如果温度低于自净温度，就可能使油雾聚积成油层，引起积炭而不能跳火；如果温度过高，例如超过850℃，会形成炽热点，发生表面点火，使发动机遭受损坏。

火花塞裙部的工作温度取决于火花塞的热特性和发动机气缸的工作温度。火花塞的热特性就是指火花塞发火部位的热量向发动机冷却系统散发的性能，影响火花塞热特性的主要因素是火花塞裙部的长度。裙部较长时，受热面积大，吸收热量多，而散热路径长，散热少，裙部温度较高，这种火花塞被称为热型火花塞；反之，裙部较短时，吸热少，散热多，裙部温度较低，这种火花塞被称为冷型火花塞，如图3-6所示。

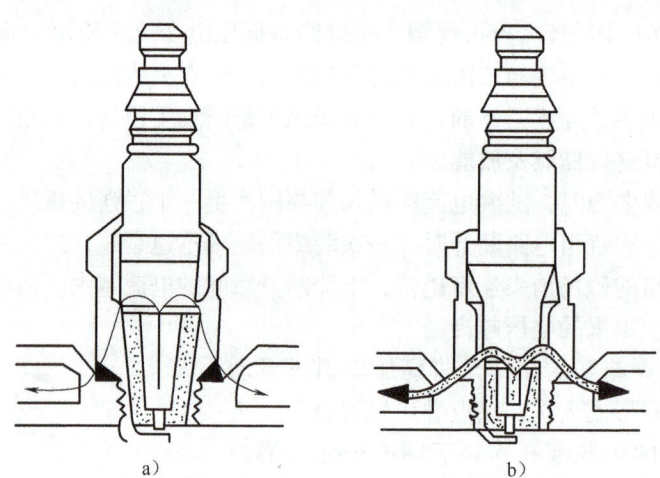

图3-6 热型和冷型火花塞
a）热型 b）冷型

火花塞的热特性常用热值表示。国产火花塞热值分别用1、2、3、4、5、6、7、8、9、10、11等阿拉伯数字表示。1、2、3为低热值火花塞；4、5、6为中热值火花塞；7、8、9及以上为高热值火花塞。热值数越高，表示散热性越好。因而，小数字为热型火花塞，大数字为冷型火花塞。

火花塞的裙部温度还与发动机气缸内的工作温度有关。对于大功率、高压缩比和高转速的发动机来说，燃烧室内温度高，火花塞裙部温度就高；反之，小功率、小压缩比、低转速发动机的燃烧室内温度低，火花塞裙部温度就低。因此，不同类型的发动机应选用不同热特性的火花塞。

3. 磁脉冲式电子点火装置的工作过程

丰田汽车常用的是磁脉冲式无触点电子点火装置，它由点火信号发生器、电子点火器、分电器、点火线圈和火花塞等组成。图3-7是磁脉冲式点火装置电路图。

（1）磁脉冲式点火信号发生器的工作原理 该点火信号发生器（或叫传感器）是一个磁脉冲式信号发生器，用来产生点火信号，控制电子点火器的工作。磁脉冲式点火信号发生器安装在分电器内，由分电器轴带动的信号转子、永久磁铁和绕在支架上的传感线圈等组

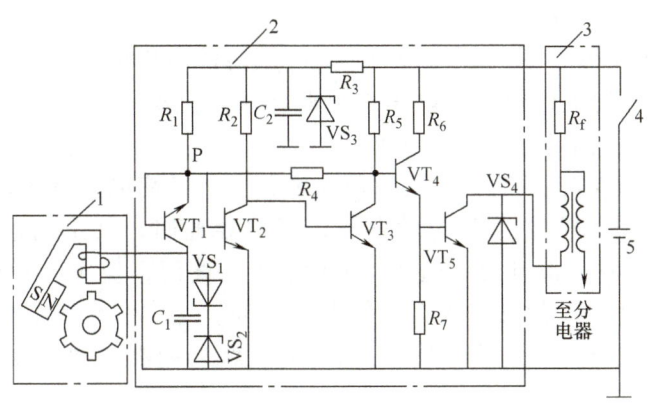

图 3-7 磁脉冲式无触点电子点火装置电路图
1—点火信号发生器 2—电子点火器 3—点火线圈 4—点火开关 5—蓄电池

成，如图 3-8a 所示。信号转子上的凸齿数与发动机的气缸数相同，永久磁铁的磁通经信号转子凸齿、线圈铁心构成回路，如图 3-8b 所示。当信号转子由分电器轴带动旋转时，转子凸齿与线圈铁心间的空气间隙将发生变化，磁路的磁阻随之改变，使通过传感线圈的磁通量发生变化，因而在传感线圈内感应出交变电动势，如图 3-8c 所示。

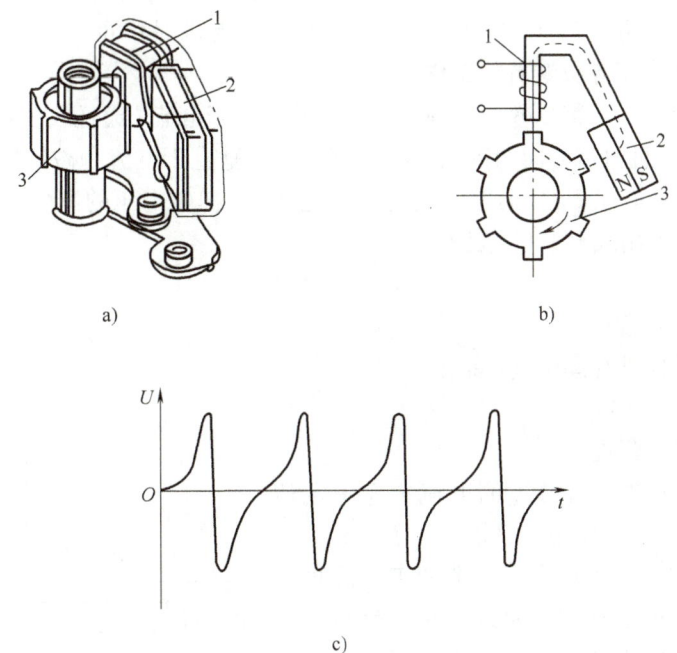

图 3-8 磁脉冲式点火信号发生器的工作原理
a) 点火信号发生器的结构 b) 原理示意图 c) 输出信号
1—传感线圈 2—永久磁铁 3—信号转子

磁脉冲式点火信号发生器具有点火信号电压的大小随发动机转速的变化而变化的特点。发动机转速升高时，点火信号发生器磁路的磁阻变化速率提高，相应磁通量的变化速率也提高，传感线圈产生的信号电压也就随之增大，使点火的击穿电压提前到达，点火相应提前。

利用这一特点，若其结构设计合理，使点火提前角随发动机转速的变化正好满足发动机转速变化对点火提前角的实际需要，就可以省去离心点火提前调节器。

（2）电子点火器的工作原理　电子点火器将从点火信号发生器得到的信号进行整形、放大以控制点火线圈一次电路的通断。它由点火信号检出电路（晶体管 VT_2）、信号放大电路（晶体管 VT_3、VT_4）和功率放大电路（大功率晶体管 VT_5）等组成。其工作原理如下（参见图3-7）：VT_2 为触发管，当它导通时，其集电极的电位降低，使 VT_3 截止。VT_3 截止时，蓄电池通过 R_5 向 VT_4 提供偏流，使 VT_4 导通。VT_4 导通时，R_7 上的电压降又加在 VT_5 的发射极上，使 VT_5 导通。这样一次绕组便有电流通过，其电路是：蓄电池正极→点火开关→附加电阻 R_f→点火线圈一次绕组→大功率晶体管 VT_5→搭铁→蓄电池负极。

当 VT_2 截止时，蓄电池通过 R_2 向 VT_3 提供偏流，使 VT_3 导通。VT_3 导通，则 VT_4 截止，VT_5 也截止。于是，点火线圈的一次电流被切断，二次绕组产生高压电，击穿火花塞间隙，点燃混合气。

电路中晶体管 VT_1 的基极和发射极相连，相当于发射极为正、集电极为负的二极管，起温度补偿作用。其工作原理如下：当温度升高时，VT_2 的导通电压会降低，使 VT_2 导通提前而截止滞后，从而导致点火推迟。VT_1 与 VT_2 的型号相同，具有同样的温度特性系数，故在温度升高时，VT_1 的正向导通电压也会降低，使 P 点电位 U_P 下降，正好补偿了温度升高对 VT_2 工作电位的影响，而使 VT_2 的导通和截止时间与常温时相同。

4. 霍尔效应式电子点火装置的工作过程

（1）霍尔效应原理　霍尔效应原理如图3-9所示，当电流 I 通过放在磁场中的半导体基片（即霍尔元件），且电流方向与磁场方向垂直时，在垂直于电流和磁场的半导体基片的横向侧面上将产生一个电压 U_H（通常称之为霍尔电压）。霍尔电压的高低与通过的电流和磁感应强度成正比，可用式（3-1）表示：

$$U_H = R_H IB/d \tag{3-1}$$

式中　R_H——霍尔系数；
　　　d——半导体基片厚度（mm）；
　　　I——电流（A）；
　　　B——磁感应强度（T）。

由式（3-1）可知，当通过的电流 I 为一定值时，霍尔电压 U_H 随磁感应强度 B 的大小而变化。

（2）霍尔效应式点火信号发生器的工作原理　霍尔式信号发生器正是利用霍尔现象来产生点火信号的，其组成如图3-10a所示，其工作原理如图3-10b、图3-10c所示。

在与分火头制成一体的触发叶轮的四周，均匀分布着与发动机气缸数相同的缺口，当触发叶轮由分电器轴带动着转动，转到触发叶轮的本体（没有缺口的地方）对着装有霍尔集成块的地方时（叶片在气缝内），通过霍尔集成块的磁路被触发叶轮短路，如图3-10b所示，此时霍尔集成块中

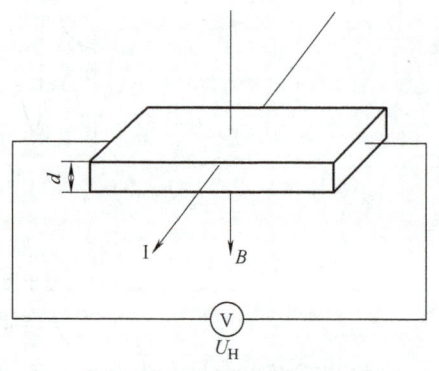

图3-9　霍尔效应原理

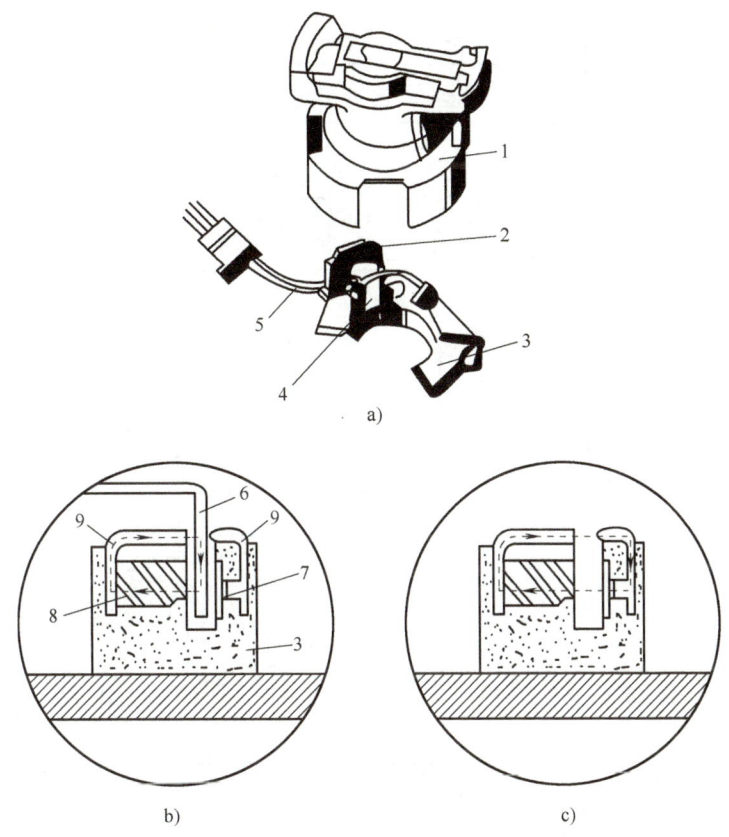

图 3-10 霍尔效应式信号发生器
a) 组成 b) 工作原理一 c) 工作原理二
1—与分火头制成一体的触发叶轮 2—霍尔集成电路 3—底板 4—带导板的永久磁铁 5—专用插接器
6—触发叶轮叶片 7—霍尔集成块 8—永久磁铁 9—导板

没有磁场通过,不会产生霍尔电压;当触发叶轮转到其缺口对着装有霍尔集成块的地方时(叶片不在气缝内),永久磁铁所产生的磁场,在导板的引导下,垂直穿过通电的霍尔集成块,于是霍尔集成块的横向侧面产生一个霍尔电压 U_H,但这个霍尔电压 U_H 是 mA 级,信号很微弱,还需要进行信号处理,这一任务由集成电路完成。这样产生的霍尔电压 U_H 信号,经过放大、脉冲整形,最后以整体的矩形脉冲(方波)信号 U_g 输出,如图 3-11 所示。

(3) 霍尔式电子点火器的工作原理 霍尔式电子点火器一般都由专用点火集成块 IC 和一些外围电路组成,比较接近计算机控制的点火系统(但还是有根本的区别)。除了具有控制点火线圈一次电流的通断外,它还具有其他辅助控制功能,如限流控制、停车断电保护等功能。该点火系统的优越性有:点火能量高,在发动机转速范围内基本保持恒定,高速不断火,低速耗能少,起动可靠等。图 3-12 为霍尔式点火装置的工作电路。

霍尔式点火装置的工作过程如下(参见图 3-12):接通点火开关,发动机转动,当霍尔信号发生器输出信号 U_g 为高电位,该信号通过点火器插座⑥端子和③端子进入点火器。此时,点火器通过内部电路,驱动点火器大功率晶体管 VT 导通,接通一次电路。其电路是:蓄电池正极→点火开关→点火线圈一次绕组 N_1→点火器大功率晶体管 VT→反馈电阻 R_s→蓄

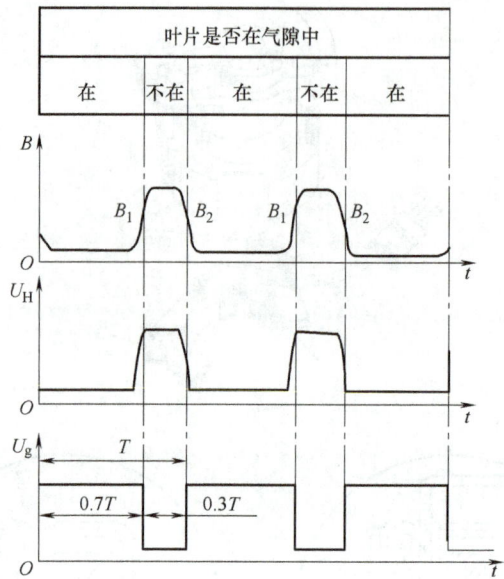

图 3-11 霍尔信号波形

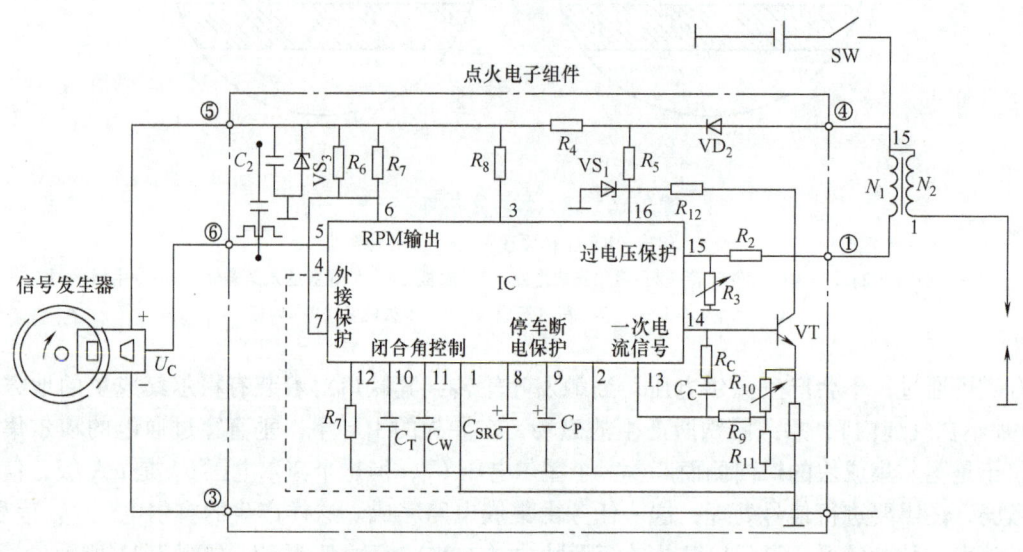

图 3-12 霍尔式点火装置的工作电路

电池负极。

当霍尔信号发生器输出信号 U_g 下跳为低电位时,点火器大功率晶体管 VT 立即截止,切断点火线圈一次电路,二次电路产生高压电。

5. 光电式电子点火装置的工作过程

(1) 光电式电子点火装置的组成 光电式电子点火装置采用的是光电式点火信号发生器,其组成如图 3-13 所示。

(2) 光电式点火信号发生器的工作原理 光电式曲轴位置传感器安装在分电器内,由信号发生器和带缝隙、光孔的信号盘组成,如图 3-14 所示。信号盘安装在分电器轴上,随分电器轴一起转动,它的外围均匀分布有 360 条缝隙,这缝隙即是光孔,每条缝隙产生 1°信号。对于六缸发动机,在信号盘外围稍靠内的圆上,间隔 60°分布 6 个光孔,产生 120°曲轴转角信号,其中有一个较宽的光孔是产生第一缸上止点对应的 120°信号缝隙。

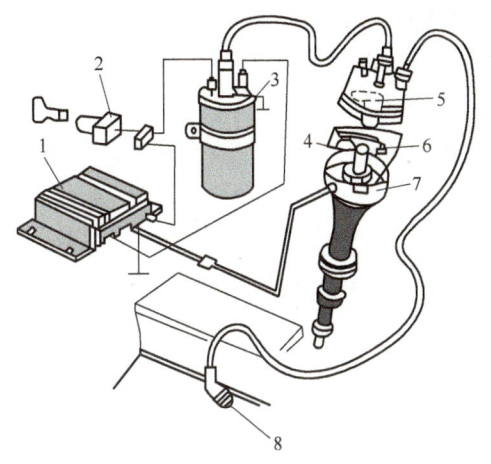

图 3-13 光电式电子点火装置的组成示意图
1—点火电子组件 2—点火开关 3—点火线圈
4—光电式点火信号发生器 5—分火头 6—遮光盘
7—分电器 8—火花塞

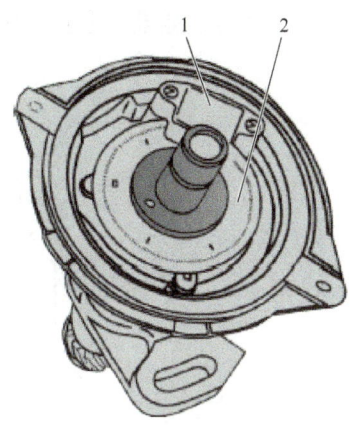

图 3-14 光电式曲轴位置传感器
1—光电式信号发生器 2—转盘

信号发生器安装在分电器壳体上,如图 3-15 所示。它由两只发光二极管、两只光敏晶体管和电子电路组成。两只发光二极管分别对正着两只光敏晶体管,信号盘在发光二极管和光敏晶体管之间。发动机曲轴运转时,带动分电器轴和信号盘转动。因为信号盘上有孔,所以产生透光和遮光的交替变化,使信号发生器的输出能表征曲轴位置和曲轴转角的脉冲信号。

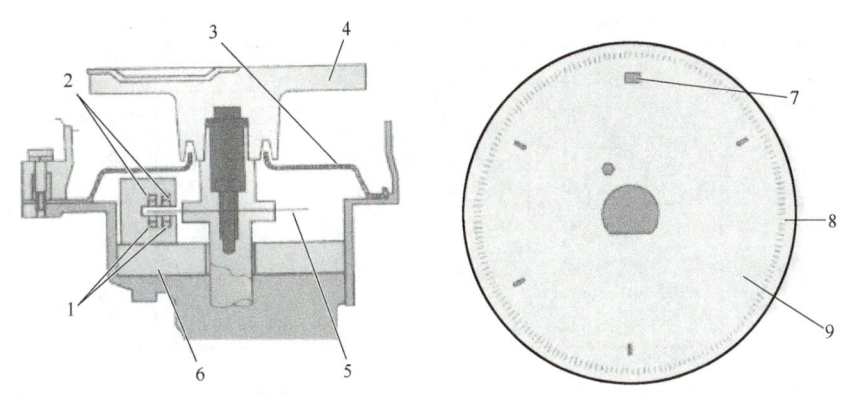

图 3-15 信号发生器安装位置和信号盘的结构
1—光敏晶体管 2—发光二极管 3—密封圈 4—点火头 5—转盘 6—信号电路 7—120°信号缝隙(一缸)
8—1°信号缝隙 9—120°信号缝隙

图 3-16 所示为光电式信号发生器的工作原理。当发光二极管的光束照射到光敏晶体管上时,光敏晶体管感光产生电压;当发光二极管的光束被遮挡时,光敏晶体管产生的电压为

零。将光敏晶体管产生的脉冲电压输入电子电路经放大整形后,向电控单元(Electronic Control Unit,ECU)输入曲轴转角的1°信号和120°信号。由于信号发生器安装位置的关系,120°信号在活塞上止点前70°输出。发动机曲轴转两圈,分电器轴转一周。1°信号发生器输出360个脉冲,每个脉冲周期高电位对应1°,低电位也对应1°,表征曲轴转角720°。与此同时,120°信号发生器在各缸压缩行程上止点前70°产生一个脉冲,6个缸共6个脉冲信号。

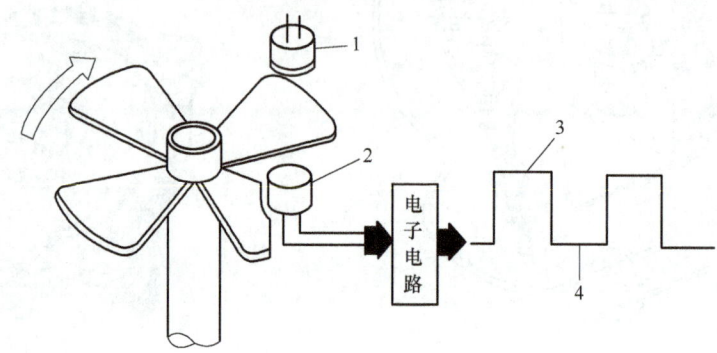

图3-16　光电式信号发生器的工作原理
1—发光二极管　2—光敏晶体管　3—光源照射　4—遮蔽光源

(3) 光电式电子点火装置的工作原理　光电式电子点火装置的工作原理如图3-17所示,当光敏晶体管VTH受光导通时,晶体管VT_1获得正向偏压而导通。VT_1导通后,为VT_2提供正向偏压U_{R4},使VT_2导通后,VT_3处于截止状态。功率晶体管VT_4获得正向偏压U_{R6}导通,从而使点火线圈一次绕组通电;当光敏晶体管VTH失光时,由导通转为截止,VT_1失去基极电流由导通转为截止,VT_2也截止,VT_3因获得正向偏压,由截止转为导通。VT_4失去正向偏压U_{R6},则由导通转为截止,点火线圈一次绕组断电,在点火线圈二次绕组产生高压,经配电器分送至各缸火花塞。

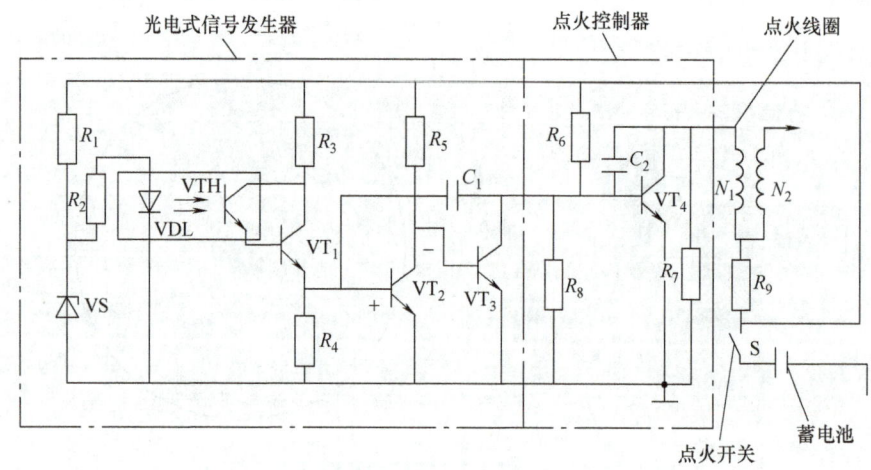

图3-17　光电式电子点火装置的工作原理图

其他元器件的作用如下:稳压二极管VS用以保证发光二极管VDL获得稳定的工作电压。电容C_1为正反馈电路,用以提高功率晶体管VT_4的开关速度,减少功率损耗,防止发热。电阻R_7用以保护功率晶体管VT_4,当VT_4由导通转为截止时,在二次绕组N_2产生二次电压的同时，一次绕组也产生 300V 左右的自感电动势，R_7 可为其提供回路，防止 VT_4 被击穿损坏。电阻 R_8 与电容 C_2 也具有 R_7 的作用，同时 C_2 还具有滤波功能。电阻 R_9 为点火线圈的附加电阻。

6. 电控点火系统的组成与原理

（1）电控点火系统的组成　电控点火系统一般由四部分组成：电源和点火开关；监测发动机运行状况的传感器；处理信号并发出工作指令的电控单元（ECU）；执行 ECU 指令的执行器。

1）电源和点火开关。电控点火系统的电源和点火开关与普通电子点火系统相同。电源为蓄电池或发电机，其作用是给点火系统提供所需的电能，点火开关则用来接通或断开电源电路。

2）传感器。电控点火系统中的传感器用于检测发动机各种运行参数的变化，为 ECU 提供点火提前角的依据。主要传感器有凸轮轴位置传感器、曲轴位置传感器和爆燃传感器等。

3）电控单元（ECU）。电控单元（ECU）是电控点火系统的核心。在发动机工作时，ECU 不断地接收各传感器输送来的信号，并按内存的程序对接收到的信号进行运算、存储和分析处理，最后向点火器发出控制指令，以完成对点火提前角、通电时间及爆燃的控制。

4）执行器。

① 点火器。点火器是电控点火系统的执行元件，其作用是对 ECU 输送来的控制指令进行功率放大，以便驱动点火线圈工作。点火器有分立式和组合式两种。

② 点火线圈。在电控点火系统中，有些只有一个点火线圈（有分电器电控点火系统），有些则有多个点火线圈（无分电器电控点火系统）。在所有类型的电感储能式点火系统中，点火线圈的作用是相同的：在不需要点火时，以磁场能的形式储存点火所需的能量；在需要点火时，释放点火能量，并将电源提供的 12~14V 的低压电转变为足以击穿火花塞电极间隙的高压电。

③ 分电器。主要是根据发动机的点火顺序，将点火线圈产生的高压电依次分配给各气缸火花塞。

④ 火花塞。火花塞的作用与普通电子点火系统相同，主要是利用点火线圈产生的高压电产生电火花，点燃气缸内的混合气。

（2）电控点火系统的分类

1）非直接点火系统。该系统仍然保留分电器，点火线圈产生的高压电是经过分电器中的配电器进行分配的，即由分火头和分电器盖组成的配电器，依照点火顺序适时地将高压电分配至各气缸，使各缸火花塞依次点火。

2）直接点火系统（无分电器点火系统）。直接点火系统取消了分电器，该系统中点火线圈上的高压线直接与火花塞相连。工作时，点火线圈产生的高压电直接送至各缸火花塞，由微机根据各传感器输入的信号，依照发动机的点火顺序，适时控制各缸火花塞点火。无分电器点火系统由于废除了分电器，因此不存在分火头和旁电极间跳火的问题，减小了能量损失，电磁干扰小，并且节省了安装空间。

直接点火系统可分为以下两类：

① 同时点火方式：两个气缸合用一个点火线圈，对两个气缸同时点火。

② 单独点火方式：每个气缸的火花塞配一个点火线圈，单独对本缸点火。

(3) 电控点火系统的工作原理　发动机工作时，ECU 不断采集发动机的转速、负荷、冷却液温度、进气温度等信号，并根据存储器中存放的与点火提前角和一次绕组通电时间有关的程序和数据，确定出该工况下的最佳点火提前角和点火线圈一次绕组通电时间，并根据冷却液温度和进气温度加以修正，然后以曲轴位置传感器的点火基准信号为依据，向点火器发出控制信号。点火器则根据 ECU 的控制指令，控制点火线圈一次绕组回路的接通和切断。当点火线圈一次绕组回路被接通时，点火线圈将点火能量以磁场能的形式储存起来；当一次绕组回路被切断时，在点火线圈二次绕组中就会产生很高的互感电动势（15~20kV），经分电器或直接送至工作气缸的火花塞。点火能量经火花塞电极瞬间释放，产生的电火花点燃气缸内的混合气，使发动机完成做功过程。

此外，在具有爆燃控制功能的电控点火系统中，ECU 还根据爆燃传感器的信号来判断发动机有无爆燃及爆燃的强度，并对点火提前角进行闭环控制。

(4) 主要传感器信号与执行器

1）曲轴位置传感器信号（Ne 信号）。Ne 信号指发动机曲轴转角信号，它是根据曲轴位置传感器产生的信号经过整形和转换而获得的脉冲信号。在电控点火系统中，Ne 信号主要用来计量点火提前角和通电时间。

2）凸轮轴位置传感器信号（G 信号）。G 信号是指活塞运行到压缩上止点位置的判别信号，它是根据凸轮轴位置传感器产生的信号经过整形和转换而获得的脉冲信号。在电控点火系统中，G 信号主要用来确定计量点火提前角的基准。

3）控制信号 IGt 和 IGd。电控点火系统工作中，ECU 向点火器发出的控制信号有 IGt 和 IGd 两个信号。

IGt 信号是 ECU 向点火器中功率晶体管发出的通断控制信号；IGd 信号是在无分电器的电控点火系统中，为保证点火顺序，ECU 向点火器输送的判别气缸的信号，以便与 G 信号共同决定需点火的气缸。

4）点火确认信号 IGf。IGf 信号是指完成点火后，点火器向 ECU 输送的点火确认信号。发动机工作时，ECU 向点火器发出点火控制信号（IGt 信号）后，若有 3~5 次收不到返回的点火确认信号（IGf 信号），ECU 便以此判定点火系统有故障，并强行停止电控燃油喷射系统继续喷油，使发动机熄火。

5）点火器。点火器的工作电路如图 3-18 所示。点火器的最基本功能是接收 ECU 输出的 IGdA、IGdB 和 IGt 信号，依次驱动各点火线圈一次绕组的接通和截止，实现 ECU 控制下的点火。

6）点火线圈。无分电器点火（Distributorless Ignition，DLI）系统所用的点火线圈采用小型闭磁路点火线圈，如图 3-19 所示。它由一次绕组、二次绕组、铁心、高压二极管、外壳、低压接柱和高压引线等组成。每组点火线圈供应两缸同时点火，如图 3-20 所示。当一次绕组电流被切断时，两个气缸中都有跳火现象发生，在能量分配上，压缩行程的气缸压力较高，所需跳火电压高，而排气行程气缸压力接近大气压，所需电压低，因此能保证压缩行程气缸有足够的点火能量。

项目三　发动机点火系统检修

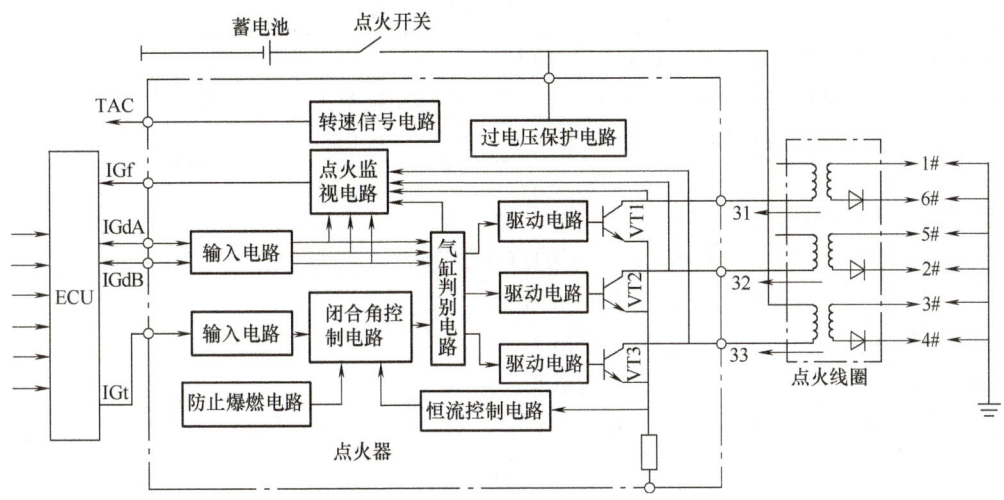

图 3-18　点火器的工作电路

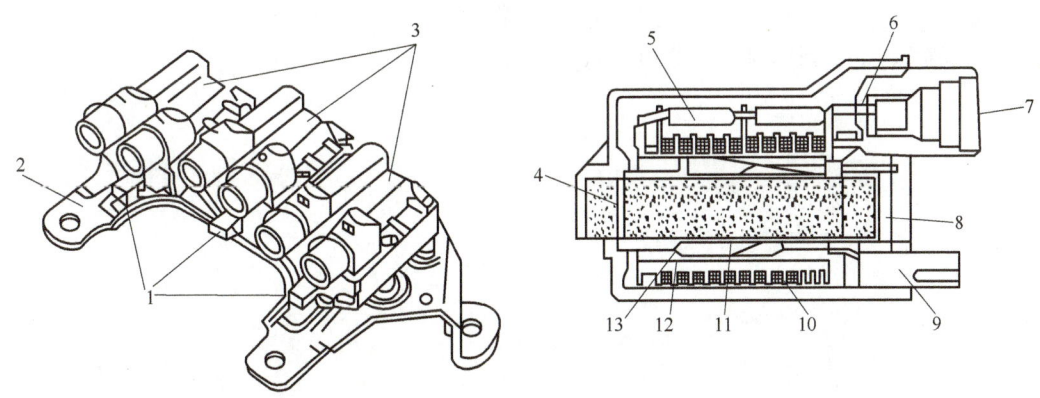

图 3-19　闭磁路点火线圈

1—低压插座　2—支架　3—点火线圈　4、11—铁心　5—高压二极管　6—高压线　7—盖　8—填充材料
9—低压接线柱　10—外壳　12—二次绕组　13—一次绕组

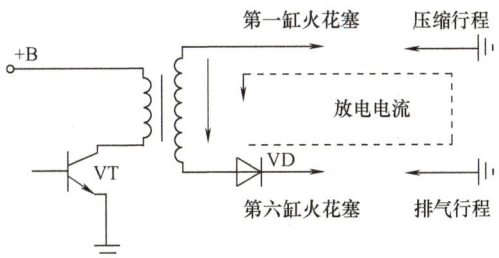

图 3-20　两缸同时点火

任务实施

1. 任务准备

任务所需的资料、设备、工具见表3-1。

表 3-1 任务准备

维修资料	捷达轿车（2008 款）电路图、维修手册
所需设备	万用表、试灯、整车、各种开关、分电器、蓄电池、胶布、导线、火花塞
所需工具	座椅套、方向盘套、变速杆套、脚垫、翼子板布、常用工具

2. 完成下列各项任务

（1）用诊断仪读取发动机不同状态下的点火提前角。

1）怠速。　　　　　　　点火提前角为_____。

2）2000r/min。　　　　点火提前角为_____。

3）开空调器。　　　　　点火提前角为_____。

（2）捷达轿车点火系统的部件检修。

1）高压线阻值：_____Ω。

□正常　　　　□不正常

2）火花塞　外观　□正常　　　　□不正常

间隙：_____mm　□正常　□不正常

（3）依据电路，利用材料组装电子点火系统。

（4）根据捷达电路图，画出捷达轿车点火系统简图。

项目三 发动机点火系统检修

评价总结

1. 小组评价（见表3-2，50分）

表3-2 小组评价表

操作项目	考核内容	评分标准	配分	扣分	得分
考前准备	作业服着装整齐，防护齐备 一次性备齐所需工具	根据情况 酌情扣分	5分		
操作步骤	1. 车辆或部件的安全防护 2. 确认故障现象 3. 故障检测流程符合工艺规范 4. 检测设备及工具使用正确 5. 记录检测结果并进行分析	某项未做不给分 操作方法不当扣2分	25分		
文明操作	操作有序、规范	根据情况酌情扣分	5分		
安全操作	无机具、人身事故	根据情况酌情扣分	10分		
7S 管理	整理工具、清洁场地	根据情况酌情扣分	5分		

2. 教师总体评价（50分）

得分：＿＿＿＿

任务二 点火系统电路故障的检修

任务目标

1. 能够识读点火系统的电路图。
2. 能够对点火系统电路进行故障分析。
3. 能够对点火系统电路故障进行检修。

任务描述

了解捷达轿车点火系统的电路原理,能够读懂捷达轿车点火系统的电路图,掌握点火系统的日常维护作业工作能力,能够对点火系统故障进行分析,能够诊断与排除点火系统的常见故障。

知识储备

捷达轿车发动机点火系统采用无分电器双缸同时点火方式。点火系统电路如图3-21所示。

1. 低温起动工况点火提前角的确定

发动机处于低温起动工况时,ECU根据冷却液温度传感器信号确定点火提前角,暖机过程中,随着冷却液温度逐渐升高,点火提前角随之进行修正,直至暖机过程结束。在这个过程中,ECU根据转速传感器信号与凸轮轴位置传感器信号计算出点火时刻,并在这一时刻向点火控制器发送一个正脉冲的点火信号,点火控制器将低压电转变为高压电,通过高压线送至火花塞,发出电火花。

2. 急速工况点火提前角的确定

发动机处于急速工况时,ECU根据加速踏板位置传感器信号、发动机转速传感器信号确定基本点火提前角,再通过冷却液温度传感器信号、进气温度传感器信号、空调器开关等信号进行修正,最后ECU计算出最佳点火提前角与点火时刻,并在这一时刻向点火控制器发送一个正脉冲的点火信号,点火控制器将低压电转变为高压电,通过高压线送至火花塞,发出电火花。

3. 非急速工况点火提前角的确定

发动机处于非急速工况以外的其他行驶工况时,ECU主要是依据发动机转速信号和进气压力传感器信号(负荷)确定基本点火提前角,然后通过冷却液温度传感器信号、进气温度传感器信号、空调器开关等信号进行修正,最后ECU计算出最佳点火提前角与点火时刻,并在这一时刻向点火控制器发送一个正脉冲的点火信号,点火控制器将低压电转变为高压电,通过高压线送至火花塞,发出电火花。

4. 爆燃控制

爆燃是汽油机工作时的一种不正常燃烧现象,轻微的爆燃可使发动机功率上升,油耗下降,但爆燃现象严重时,气缸内发出特别尖锐的金属敲击声,且会导致冷却液过热,功率下降,耗油率上升,成为汽油机运行中最有害的一种故障现象。

爆燃产生的原因如下:在正常火焰传播的过程中,处在最后燃烧位置上的那部分未燃混合气(常称末端混合气),进一步受到压缩和热辐射的作用,加速了先期反应。如果在正常火焰前锋尚未到达之前,末端混合气开始自燃,则这部分混合气燃烧速度极快,火焰速度可达每秒百米甚至数百米以上,使燃烧室内的局部压力、温度很高,并伴随有冲击波。爆燃严重时,爆燃产生的冲击波反复撞击缸壁,会发出尖锐的金属敲击声。冲击波还会破坏附着在气缸壁表面的气膜和油膜,使传热损失增加、润滑遭破坏,从而导致发动机过热、功率下降、耗油率增加,甚至会造成活塞、气门烧坏等故障。因此,汽油机工作时,应对爆燃加以控制。

点火提前角是影响爆燃的主要因素之一,推迟点火(即减小点火提前角)是消除爆燃的最有效措施。在电控点火系统中,ECU根据爆燃传感器信号,判定有无发生爆燃及爆燃

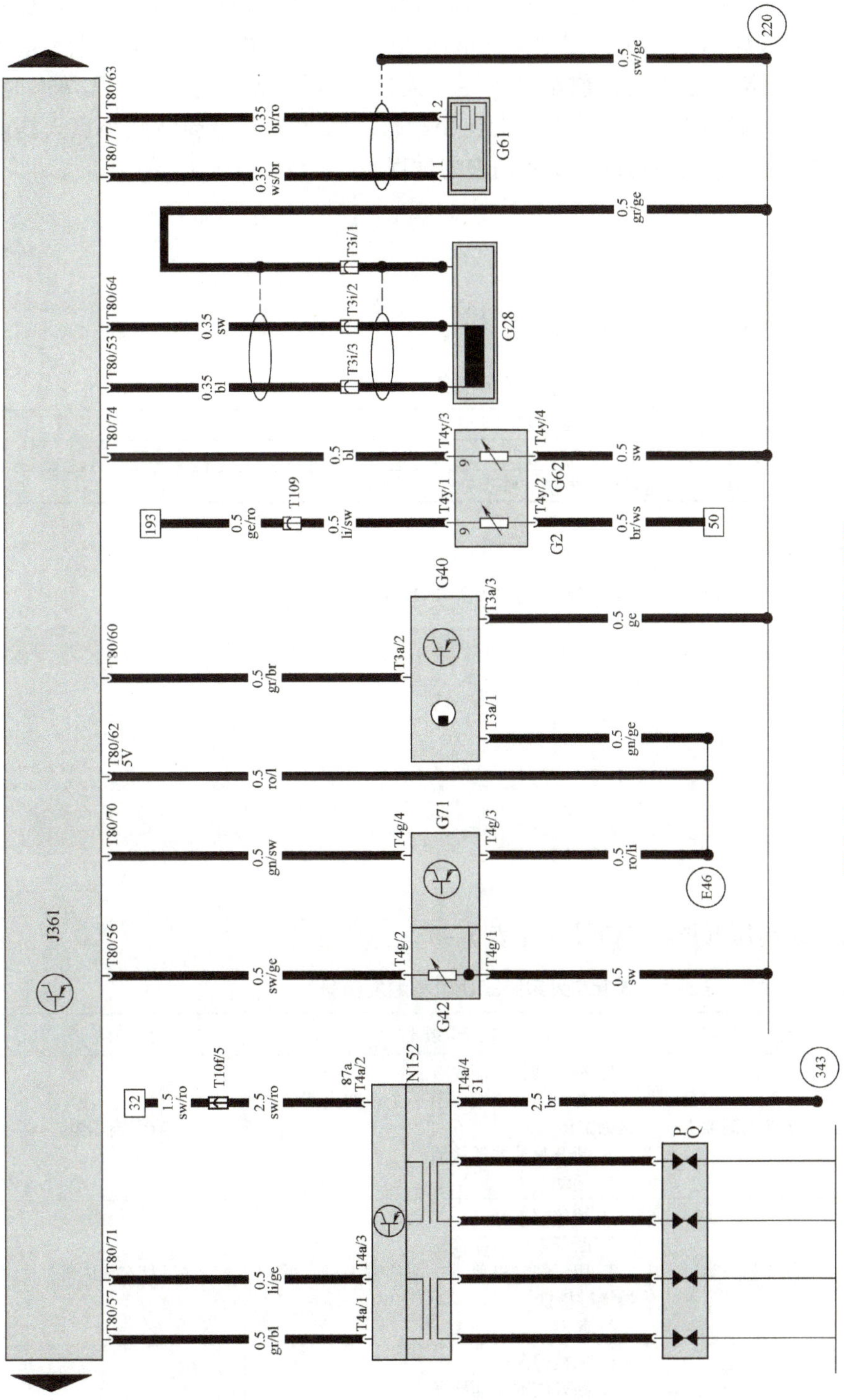

项目三 发动机点火系统检修

图 3-21 捷达轿车点火系统电路图

J361—发动机控制单元 N152—点火变压器 P—火花塞插头 Q—火花塞 G28—发动机转速传感器 G40—霍尔传感器 G42—进气温度传感器 G61—爆燃传感器 G62—冷却液温度传感器 G71—进气压力传感器 G2—冷却液温度传感器 220 —发动机线束中的接地连接(传感器接地) 343 —发动机线束中的接地连接(点火线圈)

63

的强度，并根据其判定结果对点火提前角进行反馈控制，使发动机处于爆燃的边缘工作，既能防止爆燃发生，又能有效地提高发动机的动力性和经济性。

爆燃传感器安装在气缸体或气缸盖上，其作用是将爆燃时传到气缸体或气缸盖上的机械振动转换成电压信号输送给 ECU，ECU 则根据此电压信号判断发动机是否发生爆燃及爆燃的强度。有爆燃时，则逐渐减小点火提前角（推迟点火），直到爆燃消失为止；无爆燃时，则逐渐增大点火提前角（提前点火），当再次出现爆燃时，ECU 又开始逐渐减小点火提前角，爆燃控制过程就是对点火提前角进行反复调整的过程。

任务实施

1. 任务准备

任务所需的资料、设备、工具见表 3-3。

表 3-3　任务准备

维修资料	捷达轿车（2008 款）电路图、维修手册
所需设备	万用表、二极管试灯、整车、胶布、导线
所需工具	座椅套、方向盘套、变速杆套、脚垫、翼子板布、常用工具

2. 完成下列各项任务

（1）根据捷达轿车（2008 款）电路图，画出点火系统电路简图。

（2）测量点火系统高压电与触发信号（见表 3-4）。

表 3-4　测量点火系统高压电与触发信号

检测位置	检测节点	检测条件	检测结果
高压线	火花塞间隙	1. 拔下某缸高压线 2. 在高压线末端安装一个新的火花塞并接触缸体 3. 断开喷油器插接器 4. 起动	（有无高压电）
点火控制器插接器	插接器 1 脚	1. 插接器断开 2. 断开喷油器插接器 3. 用试灯二极管，一端接触 1 脚，另一端接触搭铁 4. 起动	（试灯有无闪烁）
点火控制器插接器	插接器 3 脚	1. 插接器断开 2. 断开喷油器插接器 3. 用试灯二极管，一端接触 3 脚，另一端接触搭铁 4. 起动	（试灯有无闪烁）

（3）根据下面提供的故障案例，完成相应题目。

一辆2008款捷达轿车，行驶了10余万公里，发现能够起动，但是不着火，特来维修站维修。

1）根据上述案例在实车上观察故障现象。

①发动机能否起动：□能　　　　　□不能

②如果能够起动，有无着火迹象：□有　　　　□没有

2）用解码器调取故障码：

□有，故障码为_____ □没有

3）根据观察的故障现象进行故障分析。请在可能发生故障的元器件或线路中进行选择，如表3-5中没有列出，可在后面进行补充。

表3-5　可能发生故障的元器件或线路

蓄电池	□	110A 熔断器	□
S51 熔断器	□	点火开关	□
主供电继电器	□	点火控制器	□
高压线	□	火花塞	□
ECU	□	信号线路	□

4）检查该车有无高压电：　□有　　　□没有

5）检查该车有无点火信号：□有　　　□没有

3. 完成下列检测

图3-22是丰田卡罗拉1ZR-FE发动机单缸点火系统。

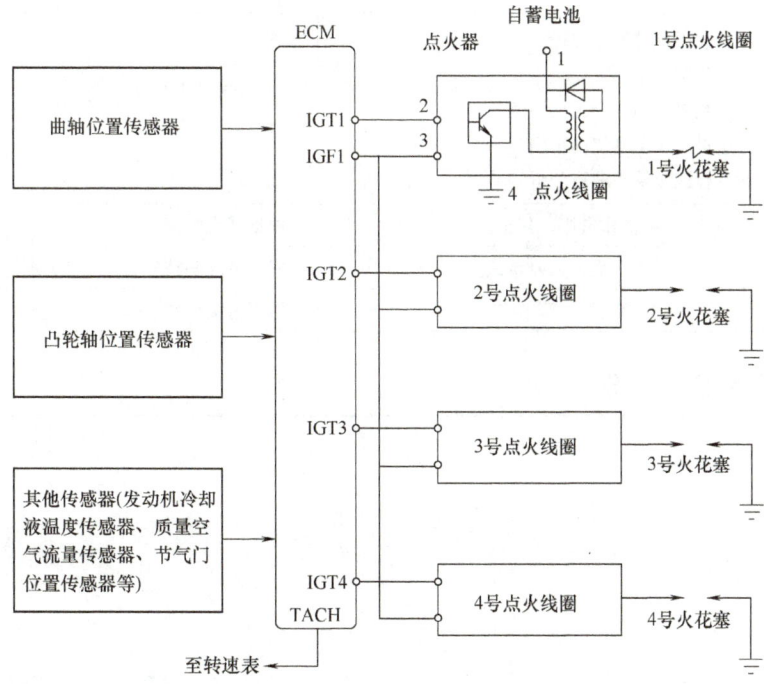

图3-22　丰田卡罗拉1ZR-FE发动机单缸点火系统

(1) 完成表 3-6 内容检测条件的内容，满足检测结果要求。

表3-6 检测条件

检测位置	检测节点	检测条件	检测结果
点火线圈	点火线圈插接器 1 脚		11V 以上
点火线圈	点火线圈插接器 4 脚		11V 以上
点火线圈	点火线圈插接器 2 脚		试灯闪烁
点火线圈	点火线圈插接器 3 脚		试灯闪烁

(2) 小组讨论，试分析发动机某缸不点火时，该如何进行检测。

评价总结

1. 小组评价（见表 3-7，50 分）

表3-7 小组评价表

操作项目	考核内容	评分标准	配分	扣分	得分
考前准备	作业服着装整齐，防护齐备 一次性备齐所需工具	根据情况 酌情扣分	5 分		
操作步骤	1. 车辆或部件的安全防护 2. 确认故障现象 3. 故障检测流程符合工艺规范 4. 检测设备及工具使用正确 5. 记录检测结果并进行分析	某项未做不给分 操作方法不当扣 2 分	25 分		
文明操作	操作有序、规范	根据情况酌情扣分	5 分		
安全操作	无机具、人身事故	根据情况酌情扣分	10 分		
7S 管理	整理工具、清洁场地	根据情况酌情扣分	5 分		

2. 教师总体评价（50 分）

得分：＿＿＿＿＿

项目习题

一、选择题

1. 关于发动机对点火系统的要求，下列说法哪一个是错误的？（　　）

   A. 当发动机的工况发生变化时，点火提前角要随之变化。

   B. 火花塞跳火时要有足够的能量。

   C. 按气缸工作顺序点火。

   D. 点火系统产生的高压电要达到 100～200V

2. 汽车点火系统的分类，根据蓄电池点火系统按是否采用电子元件控制可分为（　　）。

   A. 传统点火系统和电子点火系统

   B. 蓄电池点火系统和磁电机点火系统

   C. 霍尔式和光电式点火系统

   D. 光电式和磁脉冲式点火系统

3. 火花塞电极间隙多为 0.6～0.7mm，电子点火其间隙可增大至（　　）mm。

   A. 1～1.2　　B. 1.1～1.3　　C. 1.2～1.4　　D. 1.3～1.5

4. 火花塞裙部较长时，受热面积大，吸收热量多，但散热路径长，散热少，裙部温度较高，这种火花塞被称为（　　）火花塞。

   A. 冷型　　B. 热型　　C. 中型

5. Ne 信号用来检测（　　）

   A. 曲轴转角和发动机转速信号　　B. 判缸信号

   C. 车速信号　　D. 转角信号

6. AFE 型发动机火花塞电极间隙应为（　　）mm。

   A. 0.5～0.6　　B. 0.6～0.7　　C. 0.7～0.8　　D. 0.8～0.9

7. 用绝缘电阻表测量火花塞绝缘电阻，电阻值应为（　　）MΩ 或更大。

   A. 8　　B. 9　　C. 10　　D. 11

8. 电控点火系统中主要起作用的传感器有（　　）。

   A. 凸轮轴位置传感器、节气门位置传感器、进气温度传感器

   B. 凸轮轴位置传感器、曲轴位置传感器、爆燃传感器

   C. 节气门位置传感器、氧传感器、空气流量传感器

   D. 曲轴位置传感器、冷却液温度传感器、空气流量传感器

9. 电控点火系统中的执行器包括（　　）。

   A. 点火器、点火线圈、分电器、点火开关

   B. 点火线圈、分电器、火花塞、蓄电池

   C. 点火器、点火线圈、分电器、火花塞

10. 桑塔纳 2000GSi 轿车火花塞插头电阻约为（   ）kΩ。
A. 2　　　　　　B. 3　　　　　　C. 4　　　　　　D. 5

二、简答题

1. 汽车点火系统的作用是什么？
2. 霍尔效应式点火信号发生器的工作原理是什么？
3. 电控点火系统的工作原理是什么？
4. 电控点火系统中的主要传感器信号有哪些？
5. 电控点火系统的检查注意事项是什么？

项目四

汽车照明与信号系统检修

项目描述

该项目主要是让学生掌握汽车照明、信号系统的基础知识，了解汽车照明和信号系统的基本构成与工作原理，掌握雾灯、转向灯及喇叭的检修方法。

任务一　照明与信号系统的认知

任务目标

1. 能正确认识汽车上的照明灯具及其开关的名称、位置、用途及使用方法。
2. 能正确认识汽车上的信号灯具及其开关的名称、位置、用途及使用方法。

任务描述

为确保汽车行驶的安全，尤其是夜间行驶的安全，减少交通事故，汽车上安装了很多照明灯具和信号灯具，这些灯具是汽车的重要组成部分。汽车灯光及信号系统根据安装位置和用途，一般分为外部照明装置、内部照明装置和汽车灯光信号装置。

知识储备

为确保汽车能够正常、安全行驶，在现代汽车上配备了完善的照明与信号系统。

1. 汽车灯具的种类

（1）前照灯　前照灯（俗称前大灯）装于汽车头部两侧，用于夜间行车时的照明。前照灯有两灯制和四灯制之分，功率一般为 40~60W。

（2）雾灯　雾灯有前雾灯和后雾灯两种。前雾灯装于汽车前部比前照灯稍低的位置，用于在雨雾天气行车时的照明；为保证雾天高速行驶的汽车向后方车辆或行人提供本车位置信息，交通管理部门规定，运行车辆应在车辆后部加装功率较大的后雾灯，以降低交通事故发生率。雾灯的光色规定为光波较长的黄色、橙色或红色。

(3) 牌照灯　牌照灯装于汽车尾部的牌照上方，用于夜间照亮汽车牌照。

(4) 仪表灯　仪表灯装于汽车仪表板上，用于仪表照明，以便于驾驶人获取行车信息和进行正确操作，其数量根据仪表设计布置而定。

(5) 顶灯　顶灯装于驾驶室或车厢顶部，用于车内照明。

(6) 工作灯　车上一般只装工作灯插座，配导线及移动式灯具，用于在排除汽车故障或检修时提供照明。

(7) 示宽灯与尾灯　示宽灯与尾灯用于夜间向其他车辆提示自身行驶位置及宽度，一般位于车辆前方的称为示宽灯，而在车辆后方的称为尾灯。

(8) 转向信号灯　转向信号灯通常安装在汽车的两侧以及前翼子板上，在汽车转向时，会发出明、暗交替的闪光信号，向其他行驶车辆表明驾驶人的行车意图，一般分为前、后、侧转向信号灯。

(9) 制动灯　制动灯通常安装在汽车的后部，用来提示后方行驶车辆本车正在进行制动操作，避免与后车发生碰撞。

(10) 危险警告灯　当汽车遭遇意外情况需紧急停车时，向四周行驶的车辆表明本车所处位置。通过左、右转向信号灯同时闪烁完成危险警告提示。

(11) 倒车灯　倒车灯一般安装在汽车尾部，均采用白色光色，即驾驶人挂入倒档时可自行点亮，警示后方行人及车辆注意避让。

2. 汽车开关

(1) 灯光开关　汽车的灯光开关多采用旋转式、拉扭式和组合式，如图 4-1 所示。

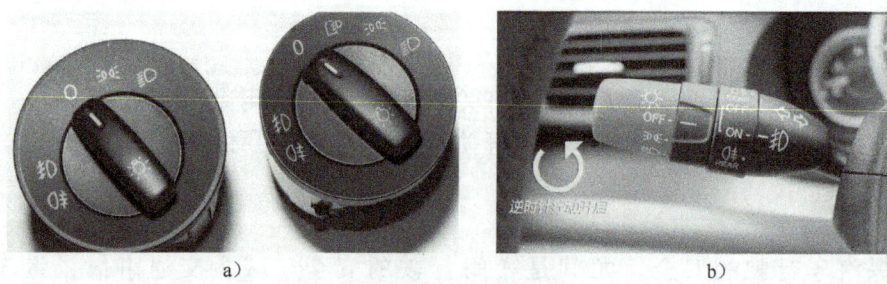

图 4-1　灯光开关
a) 旋转式　b) 组合式

(2) 变光开关　在汽车行驶过程中，驾驶人根据需求利用变光开关进行远、近光切换，一般有脚踏变光开关和组合式变光开关两种类型。

任务实施

1. 任务准备

任务所需的资料、设备、工具见表 4-1。

项目四 汽车照明与信号系统检修

表 4-1 任务准备

维修资料	捷达轿车维修手册
所需设备	捷达轿车整车
所需工具	座椅套、方向盘套、变速杆套、脚垫、翼子板布

2. 完成下列各项任务

（1）根据图 4-2，写出捷达轿车前部照明系统中的灯具。
1 _____ 2 _____ 3 _____
4 _____ 5 _____

（2）根据图 4-3，写出捷达轿车后部照明系统中的灯具。
1 _____ 2 _____
3 _____ 4 _____

图 4-2 捷达轿车前部照明系统

图 4-3 捷达轿车后部照明系统

评价总结

1. 小组评价（见表 4-2，50 分）

表 4-2 小组评价表

操作项目	考核内容	评分标准	配分	扣分	得分
考前准备	作业服着装整齐，防护齐备	根据情况酌情扣分	5 分		
	一次性备齐所需工具				
操作步骤	1. 车辆或部件的安全防护 2. 确认故障现象 3. 故障检测流程符合工艺规范 4. 检测设备及工具使用正确 5. 记录检测结果并进行分析	某项未做不给分 操作方法不当扣 2 分	25 分		
文明操作	操作有序、规范	根据情况酌情扣分	5 分		
安全操作	无机具、人身事故	根据情况酌情扣分	10 分		
7S 管理	整理工具、清洁场地	根据情况酌情扣分	5 分		

2. 教师总体评价（50 分）

得分：_____

任务二　照明电路故障检修

任务目标

1. 能够对灯光电路进行识读。
2. 能正确地分析灯光电路的原理。
3. 能够对灯光电路故障进行检测与排除。

任务描述

能够看懂捷达轿车灯光电路图，能够对捷达轿车灯光电路原理进行分析，学会灯光电器元件的拆装，能够对捷达轿车灯光电路故障进行检测与排除。

知识储备

1. 捷达轿车前照灯系统工作原理

捷达轿车灯光电路简图，如图 4-4 所示，其电路工作过程分析如下：

（1）捷达轿车近光灯工作过程

1）近光灯灯泡电流方向。电流流向为蓄电池正极→前照灯继电器 J12 近光继电器触点→S1、S2 熔断器→L1b、L2b→搭铁→蓄电池负极。

2）近光灯控制电路。电流流向为蓄电池正极→熔断器 P→点火开关 D→前照灯开关 E1→变光开关 E4→前照灯继电器 J12 近光继电器线圈→搭铁→蓄电池负极。

（2）捷达轿车远光灯工作过程

1）远光灯灯泡电流方向。电流流向为蓄电池正极→前照灯继电器 J12 远光继电器触点→S11、S12 熔断器→L1a 与远光指示灯、L2a→搭铁→蓄电池负极。

2）远光灯控制电路。电流流向为蓄电池正极→熔断器 P→点火开关 D→前照灯开关 E1→变光开关 E4→前照灯继电器 J12 远光继电器线圈→搭铁→蓄电池负极。

2. 更换变光开关 E4

1）拆卸方向盘。取下喇叭开关，用工具松开方向盘固定螺栓，如图 4-5 所示。

2）拆卸组合开关上下护罩。用小号十字螺钉旋具旋开组合开关护罩的两个固定螺栓，如图 4-6 所示。

项目四 汽车照明与信号系统检修

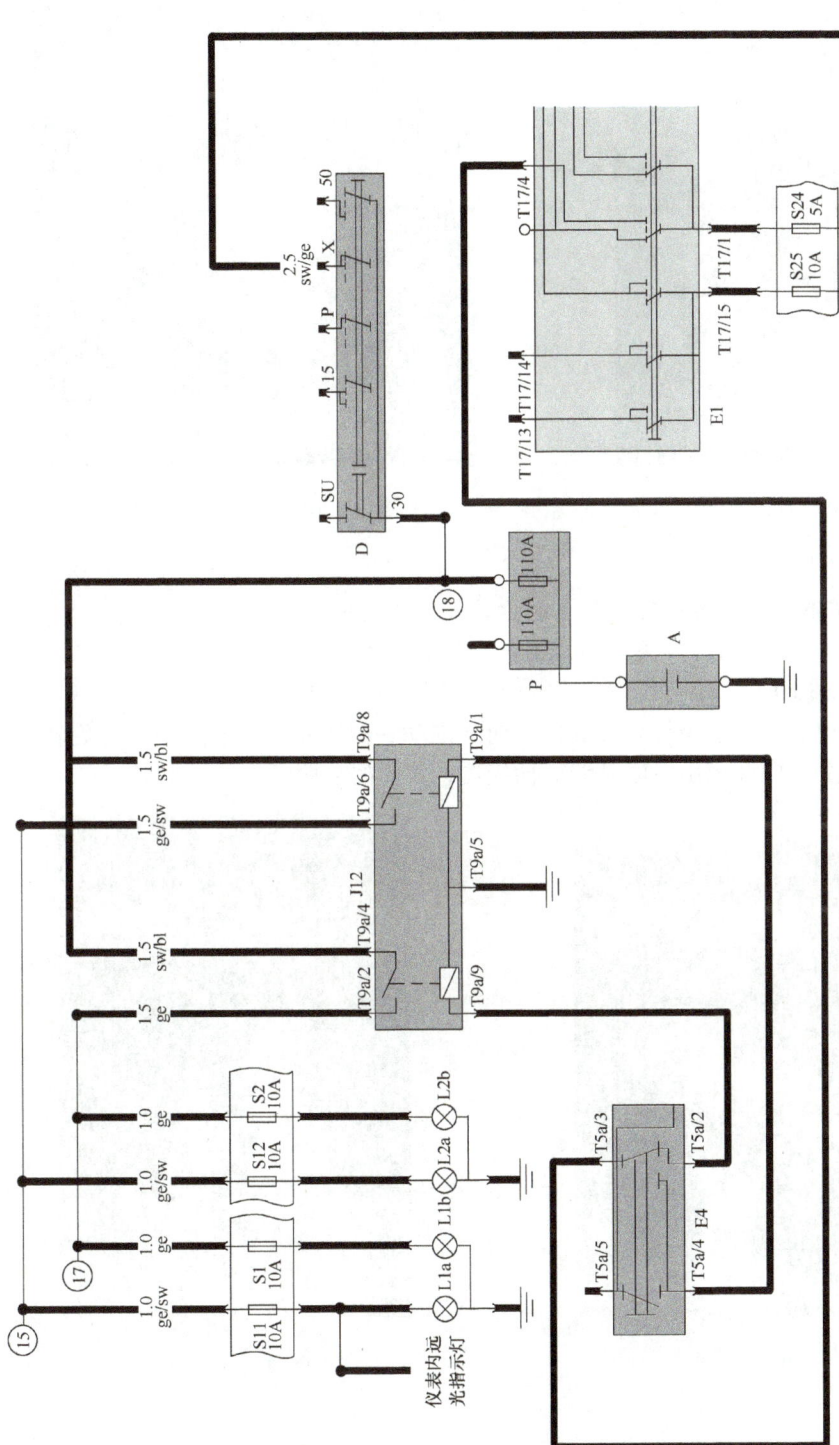

图 4-4 捷达轿车前照灯电路简图

A—蓄电池 D—点火开关 P—主熔断器盒,位于蓄电池上方 E4—变光开关 E1—前照灯开关 J12—前照灯继电器
L1a—左前照灯,远光灯泡 L1b—左前照灯,远光灯泡 L2a—右前照灯,远光灯泡 L2b—右前照灯,远光灯泡
S1—熔断器支架上的 1 号熔断器 S2—熔断器支架上的 2 号熔断器 S11—熔断器支架上的 11 号熔断器
S12—熔断器支架上的 12 号熔断器 S24—熔断器支架上的 24 号熔断器

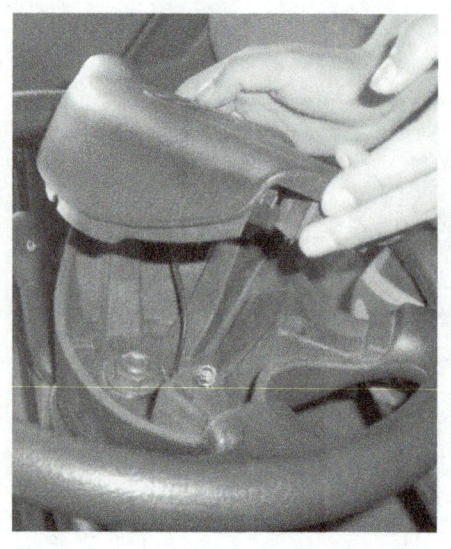

图4-5 拆卸方向盘

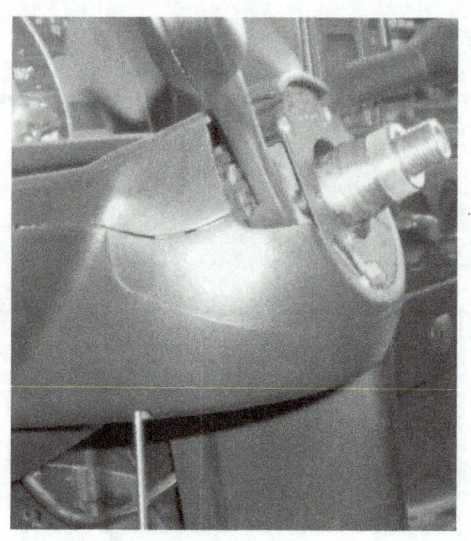

图4-6 拆卸组合开关上下护罩

3）拆卸组合开关下的线束。

4）拆卸组合开关的3个固定螺栓，取下组合开关，如图4-7所示。

5）安装组合开关　安装组合开关与拆卸组合开关步骤相反，不再叙述。

3. 更换前照灯开关 E1

如图4-8所示，用手按住前照灯开关旋钮，向下推动一小段距离，然后顺时针旋转30°左右，拉住前照灯开关，向外拔出，断开线束插接器，将新的前照灯开关换上。

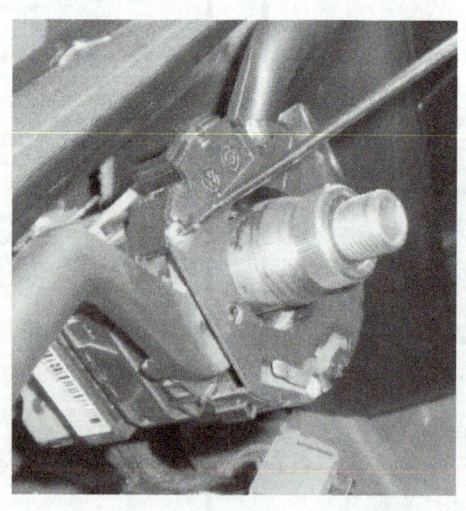

图4-7 拆卸组合开关

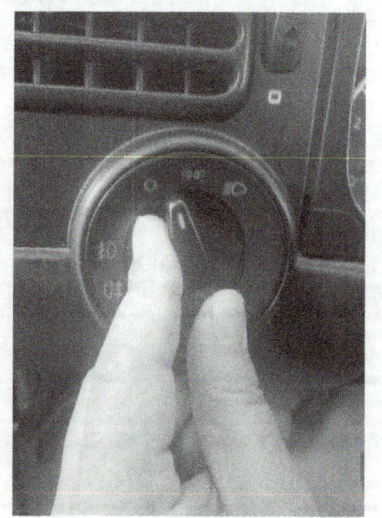

图4-8 拆卸前照灯开关

任务实施

1. 任务准备

任务所需的资料、设备、工具见表4-3。

项目四 汽车照明与信号系统检修

表 4-3 任务准备

维修资料	捷达轿车（2008 款）电路图、维修手册
所需设备	万用表、试灯、整车、灯泡、胶布
所需工具	座椅套、方向盘套、变速杆套、脚垫、翼子板布、常用工具

2. 完成下列各项任务

（1）如果捷达轿车只有左侧近光、远光正常，右侧近光、远光不亮，请根据电路原理分析表 4-4 中哪些元件是正常的。

表 4-4 正常元件选项

蓄电池 □	110A 熔断器 □
S24 熔断器 □	点火开关 D □
前照灯开关 E1 □	变光开关 E4 □
前照灯继电器 J12 □	S2 熔断器 □
S12 熔断器 □	L2a 灯泡 □
L2b 灯泡 □	S2 熔断器- L2a 灯泡线路 □
S12 熔断器- L2a 灯泡线路 □	

（2）在正常运转的捷达轿车上测量表 4-5 所列节点电位。

表 4-5 测量节点电位

检测位置	检测节点	检测条件	检测结果
S1、S2 熔断器	熔断器两侧端点	开启近光灯	
S11、S12 熔断器	熔断器两侧端点	开启远光灯	
变光开关 E4	插接器 3 脚	1. 插接器不断开 2. 开启近光灯	
	插接器 2 脚		
	插接器 3 脚	1. 插接器不断开 2. 开启远光灯	
	插接器 2 脚		
前照灯开关 E1	插接器 4 脚	开启前照灯即可	
	插接器 1 脚		

（3）根据下面故障案例，完成相应题目。

一辆 2008 款捷达轿车，夜间行驶时，开启前照灯，发现灯光均不亮，特来维修。

1）根据上述案例在实车上观察故障现象。

① 打开点火开关（发动机不运转）。

近光灯状况：　　□亮　　　□不亮

远光灯状况：　　□亮　　　□不亮

仪表内远光指示灯：　□亮　　　□不亮

② 发动机能否起动：　□能　　　□不能

2）根据观察的故障现象进行故障分析。请在可能发生故障的元器件或线路中进行选择，如表 4-6 中没有列出，可在后面进行补充。

表 4-6　可能发生故障的元器件或线路

蓄电池　□	110A 熔断器　□
S24 熔断器　□	点火开关 D　□
前照灯开关 E1　□	变光开关 E4　□
前照灯继电器 J12　□	

3）根据分析结果，检修汽车前照灯故障。

评价总结

1. 小组评价（见表 4-7，50 分）

表 4-7　小组评价表

操作项目	考核内容	评分标准	配分	扣分	得分
考前准备	作业服着装整齐，防护齐备 一次性备齐所需工具	根据情况 酌情扣分	5 分		
操作步骤	1. 车辆或部件的安全防护 2. 确认故障现象 3. 故障检测流程符合工艺规范 4. 检测设备及工具使用正确 5. 记录检测结果并进行分析	某项未做不给分 操作方法不当扣 2 分	25 分		
文明操作	操作有序、规范	根据情况酌情扣分	5 分		
安全操作	无机具、人身事故	根据情况酌情扣分	10 分		
7S 管理	整理工具、清洁场地	根据情况酌情扣分	5 分		

2. 教师总体评价（50 分）

得分：_____

任务三　雾灯电路故障检修

任务目标

1. 能够看懂捷达轿车雾灯电路图。
2. 能正确地分析雾灯的电路原理。
3. 能够对雾灯电路故障进行检测与排除。

任务描述

能够根据捷达轿车雾灯电路图，对捷达轿车雾灯电路原理进行分析，学会雾灯电器元件的拆装，对捷达轿车雾灯电路故障进行检测与排除。

知识储备

1. 捷达轿车雾灯的工作原理

捷达轿车雾灯电路简图如图 4-9 所示，其电路工作过程如下：

（1）卸荷继电器的工作　点火开关开启至 ON 档，卸荷继电器线圈通电，触点吸合。

（2）前雾灯电路　雾灯开关开启至 1 档，电流流向为：蓄电池 A→熔断器 P→卸荷继电器 J18 触点→熔断器 S43→雾灯开关 E18（1 档触点）→前雾灯 L22、L23→搭铁→蓄电池负极。

（3）后雾灯电路　雾灯开关开启至 2 档，电流流向为：蓄电池 A→熔断器 P→卸荷继电器 J18 触点→熔断器 S43→雾灯开关 E18（2 档触点）→前雾灯 L22、L23→搭铁→蓄电池负极。

2. 更换雾灯开关

雾灯开关与前照灯开关组合在一起，更换步骤同前照灯开关的更换步骤。

任务实施

1. 任务准备

任务所需的资料、设备、工具见表 4-8。

表 4-8　任务准备

维修资料	捷达轿车（2008 款）电路图、维修手册
所需设备	万用表、试灯、整车、灯泡、胶布
所需工具	座椅套、方向盘套、变速杆套、脚垫、翼子板布、常用工具

2. 完成下列各项任务

（1）如果捷达轿车只有后雾灯正常，前雾灯不亮，请根据电路原理分析表 4-9 中所列哪些元件是正常的。

汽车电气构造与检修

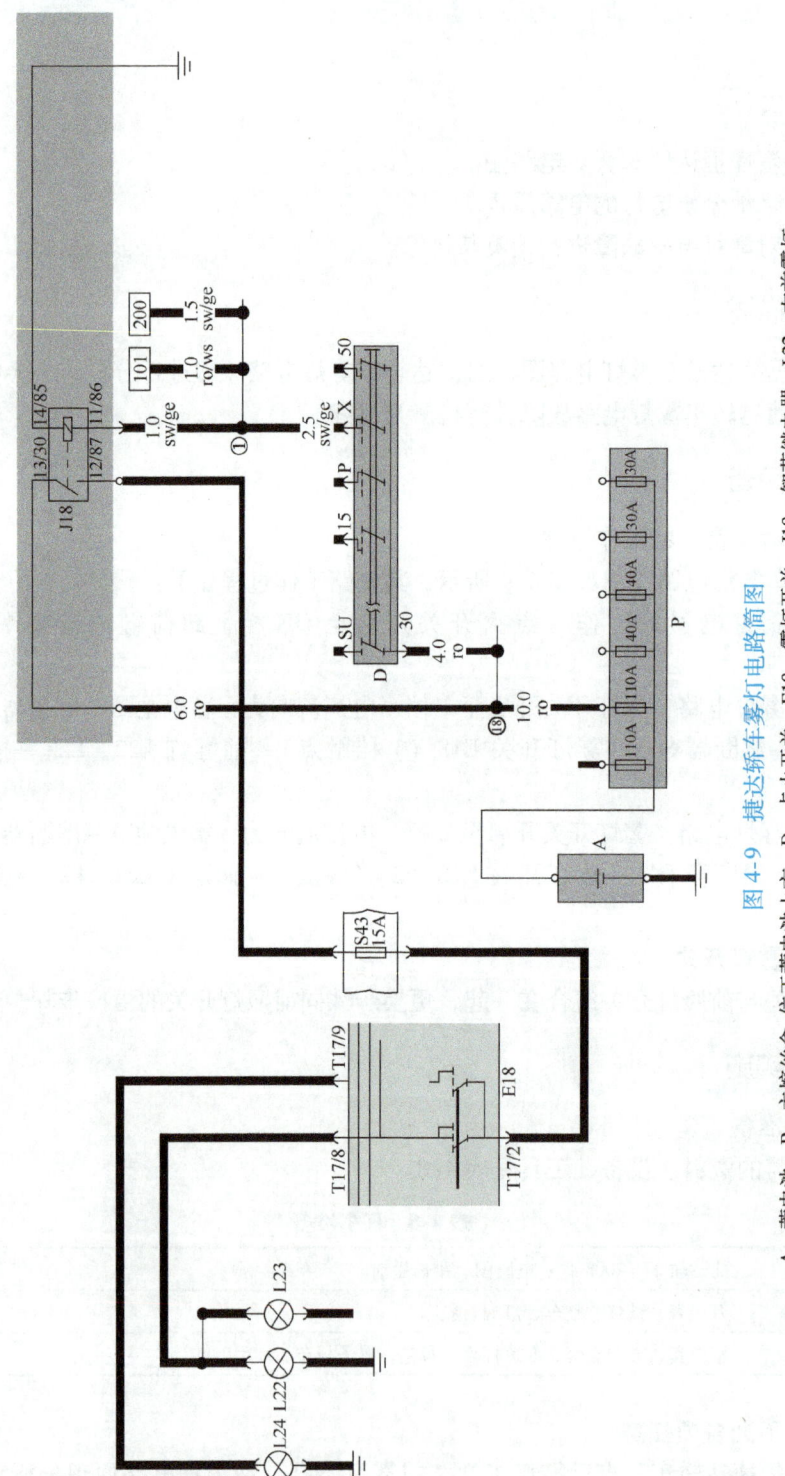

图 4-9 捷达轿车雾灯电路简图

A—蓄电池　P—主熔丝盒,位于蓄电池上方　D—点火开关　E18—雾灯开关　J18—卸荷继电器　L22—左前雾灯
L23—右前雾灯　L24—后雾灯　S43—熔丝支架上的 43 号熔断器

78

项目四　汽车照明与信号系统检修

表4-9　正常元件选项

蓄电池　□	熔断器110A　□
点火开关D　□	熔断器S43　□
雾灯开关E18　□	卸荷继电器J18　□
灯泡L22　□	灯泡L23　□
熔断器S43-灯泡L22线路　□	熔断器S43-灯泡L23线路　□

（2）在正常运转的捷达轿车上测量表4-10所列节点电位。

表4-10　测量节点电位

检测位置	检测节点	检测条件	检测结果
S43熔断器	熔断器两侧端点	开启雾灯	
雾灯开关	插接器2脚	1. 插接器不断开 2. 开启前后雾灯	
	插接器8脚		
	插接器9脚		
K18卸荷继电器	插接器86脚	点火开关ON档	
	插接器87脚		

（3）根据下面故障案例，完成相应题目。

一辆2008款捷达轿车，打开雾灯开关，发现前后雾灯均不亮，特来维修。

1）根据上述案例在实车上观察故障现象。

① 打开点火开关（发动机不运转）。

前雾灯状况：　　　　□亮　　　□不亮

后雾灯状况：　　　　□亮　　　□不亮

前雾灯指示灯：　　　□亮　　　□不亮

后雾灯指示灯：　　　□亮　　　□不亮

② 汽车前照灯状况。

近光灯状况：　　　　□亮　　　□不亮

远光灯状况：　　　　□亮　　　□不亮

③ 刮水器电动机工作状况：□正常　　□不正常

2）根据观察的故障现象进行故障分析。请在可能发生故障的元器件或线路中进行选择，如表4-11中没有列出，可在后面进行补充。

表4-11　可能发生故障的元器件或线路

蓄电池　□	熔断器110A　□
点火开关D　□	熔断器S43　□
雾灯开关E18　□	卸荷继电器J18　□
灯泡L22　□	灯泡L23　□
熔断器S43-灯泡L22线路　□	熔断器S43-灯泡L23线路　□

3）根据分析的结果，检修雾灯不亮的故障。

评价总结

1. 小组评价（见表4-12，50分）

表4-12 小组评价表

操作项目	考核内容	评分标准	配分	扣分	得分
考前准备	作业服着装整齐，防护齐备 一次性备齐所需工具	根据情况酌情扣分	5分		
操作步骤	1. 车辆或部件的安全防护 2. 确认故障现象 3. 故障检测流程符合工艺规范 4. 检测设备及工具使用正确 5. 记录检测结果并进行分析	某项未做不给分 操作方法不当扣2分	25分		
文明操作	操作有序、规范	根据情况酌情扣分	5分		
安全操作	无机具、人身事故	根据情况酌情扣分	10分		
7S管理	整理工具、清洁场地	根据情况酌情扣分	5分		

2. 教师总体评价（50分）

得分：＿＿＿＿

项目四 汽车照明与信号系统检修

任务四　转向灯电路故障检修

任务目标

1. 能够看懂捷达轿车转向灯电路图。
2. 能正确地分析转向灯电路原理。
3. 能够对转向灯电路故障进行检测与排除。

任务描述

能够根据捷达轿车转向灯电路图，对捷达轿车转向灯电路原理进行分析，学会转向灯电器元件的拆装，对捷达轿车转向灯电路故障进行检测与排除。

知识储备

1. 捷达轿车转向灯系统的工作原理

捷达轿车转向灯电路简图如图4-10所示，了解转向灯控制器各个插脚的用途。

捷达轿车转向灯的闪光继电器与其危险警告灯开关E3一起合成了转向灯控制器，在电路图中只以危险警告灯开关E3显示。

5脚接转向灯控制器总电源，也是危险警告灯的电源，此线路断路，转向灯工作正常，危险警告灯不工作。

6脚接转向控制器电源，此线路断路，转向灯不工作，危险警告灯工作正常。

12脚、16脚分别通往左右两侧转向灯及仪表指示灯，危险警告灯开关E3接合，将左右两侧转向灯及仪表指示灯接入转向控制器内部线路，转向控制器受到触发，危险警告灯工作。

17脚通往转向开关E2，当转向开关E2向左（或向右）接合时，将左侧（或右侧）转向灯及仪表指示灯接入转向控制器内部线路，转向控制器受到触发，左侧（或右侧）转向灯工作。

说明：转向灯控制器没有搭铁，不能工作，但该控制器（危险警告灯开关E3）是一个组合开关，与E15、E165、E35开关共用一根搭铁线，这里不再说明，如果该搭铁线断路，势必会导致诸多灯光性能失效，自然可以推理分析出该线路故障。

2. 更换转向灯开关E2

参照更换变光开关E4的步骤。

3. 更换危险警告灯开关E3

危险警告灯开关E3与E15、E165、E35开关，共同组成一个组合开关，如图4-11所示。拆卸时，用小口的一字螺钉旋具上撬组合开关上部，如图4-12a所示；将开关向外移出之后，用螺钉旋具下撬组合开关下部，如图4-12b所示。最后，将开关向外移出。然后，取下开关，拔出线束插接器，更换新的危险警告灯开关。

汽车电气构造与检修

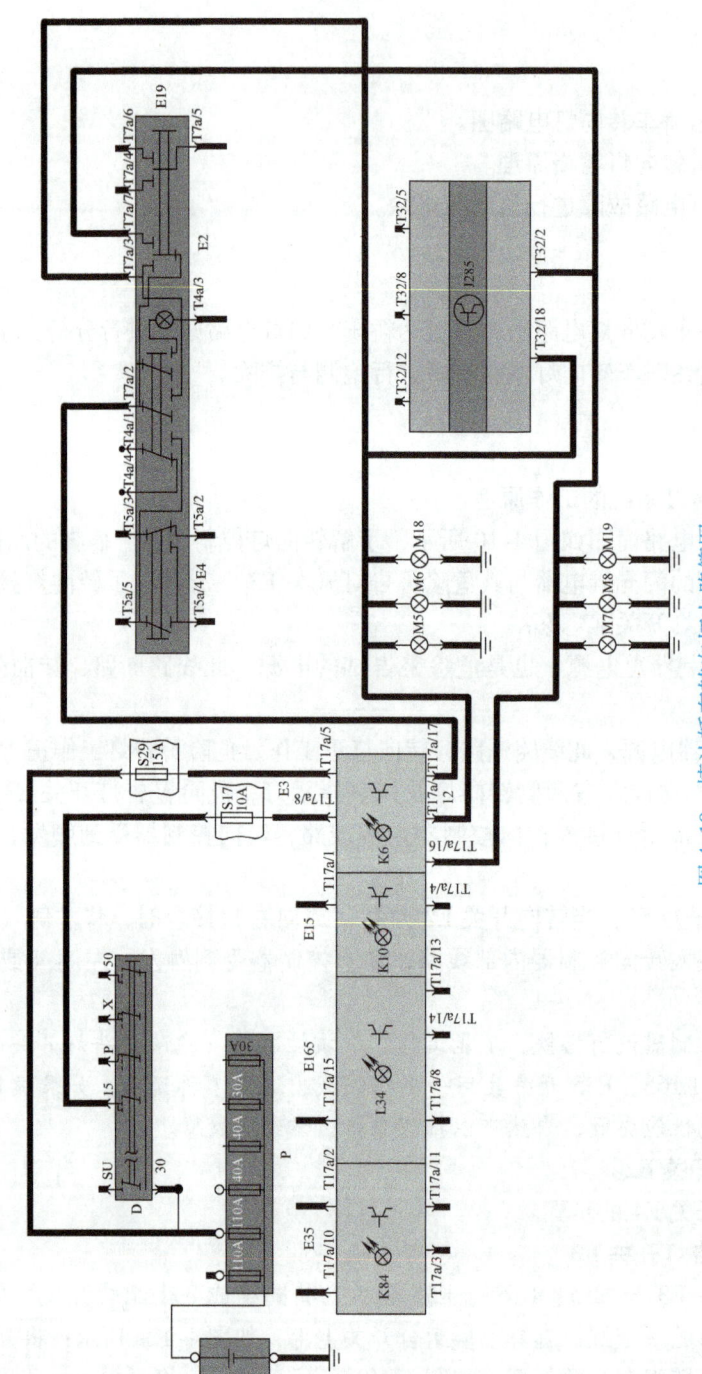

图 4-10 捷达轿车转向灯电路简图

A—蓄电池　P—主熔断器盒，位于蓄电池上方　D—点火开关　E2—转向灯开关　E3—危险警告灯开关　M6—左后转向灯
M8—右后转向灯　M19—右侧转向灯　M18—左侧转向灯　M5—左前转向灯　M7—右前转向灯　J285—组合仪表
S17—熔丝支架上的 17 号熔断器　S29—熔丝支架上的 29 号熔断器

图 4-11　危险警告灯开关 E3

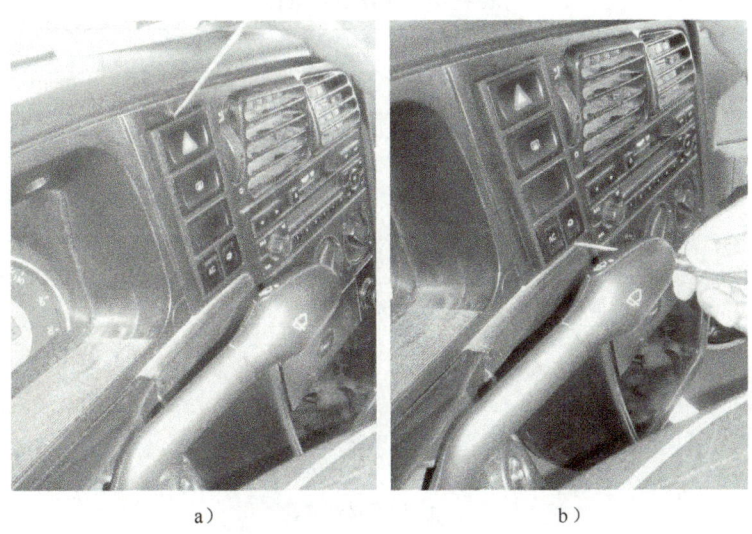

　　a）　　　　　　　　　　　b）

图 4-12　危险警告灯开关拆卸

a）上撬组合开关上部　b）下撬组合开关下部

任务实施

1. 任务准备
任务所需的资料、设备、工具见表 4-13。

2. 完成下列各项任务
（1）如果捷达轿车只有左侧转向灯正常，右侧转向灯不闪烁，其危险警告灯工作正常，请根据电路原理分析表 4-14 中哪些元器件是正常的。

表 4-13 任务准备

维修资料	捷达轿车（2008 款）电路图、维修手册
所需设备	万用表、试灯、整车、灯泡、胶布
所需工具	座椅套、方向盘套、变速杆套、脚垫、翼子板布、常用工具

表 4-14 正常元件选项

蓄电池 □	熔断器 110A □
熔断器 S17 □	熔断器 S29 □
转向灯开关 E2 □	危险警告灯开关 E4 □
点火开关 D □	右后转向灯 M8 □
右侧转向灯 M19 □	右前转向灯 M7 □
转向灯开关 E2-右侧转向灯线路 □	

（2）在正常运转的捷达轿车上测量表 4-15 中的节点电位。

表 4-15 测量节点电位

检测位置	检测节点	检测条件	检测结果
熔断器 S17	熔断器两侧端点	开启转向灯	
S29 熔断器	熔断器两侧端点	开启危险警告灯	
转向灯开关 E2	插接器 T7a/2 脚	1. 插接器不断开 2. 开启转向灯 3. 用试灯测量	
	插接器 T7a/3 脚		
	插接器 T7a/7 脚		
危险警告灯开关 E3	插接器 5 脚	无条件	
	插接器 6 脚	1. 插接器不断开 2. 点火开关 ON 档	
	12 脚、16 脚	1. 插接器不断开 2. 开启危险警告灯 3. 用试灯测量	
	17 脚	1. 插接器不断开 2. 开启转向灯 3. 用试灯测量	

（3）根据下面故障案例，完成相应题目。

一辆 2008 款捷达轿车，发现转向开关打到右侧时，右侧转向灯没有闪烁，开启危险警告灯开关，其右侧转向灯也没有闪烁，特来维修。

1）根据上述案例在实车上观察故障现象。

① 打开点火开关，观察转向灯状况。

左侧转向灯状况： □闪烁 □不闪烁

右侧转向灯状况：　　　　　□闪烁　　　　　□不闪烁
左侧转向指示灯状况：　　　□闪烁　　　　　□不闪烁
右侧转向指示灯状况：　　　□闪烁　　　　　□不闪烁

② 打开点火开关，观察危险警告灯状况。
左侧转向灯状况：　　　　　□闪烁　　　　　□不闪烁
右侧转向灯状况：　　　　　□闪烁　　　　　□不闪烁
左侧转向指示灯状况：　　　□闪烁　　　　　□不闪烁
右侧转向指示灯状况：　　　□闪烁　　　　　□不闪烁

2）根据观察的故障现象进行故障分析。请在可能发生故障的元器件或线路中进行选择，如表 4-16 中没有列出，可在后面进行补充。

表 4-16　可能发生故障的元器件或线路

蓄电池 □	熔断器 110A □
熔断器 S17 □	熔断器 S29 □
转向灯开关 E2 □	危险警告灯开关 E4 □
点火开关 D □	右后转向灯 M8 □
右侧转向灯 M19 □	右前转向灯 M7 □
转向灯开关 E2 - 右侧转向灯线路□	

3）根据分析结果，检修汽车前照灯故障。

评价总结

1. 小组评价（见表 4-17，50 分）

表 4-17　小组评价表

操作项目	考核内容	评分标准	配分	扣分	得分
考前准备	作业服着装整齐，防护齐备 一次性备齐所需工具	根据情况酌情扣分	5分		

（续）

操作项目	考核内容	评分标准	配分	扣分	得分
操作步骤	1. 车辆或部件的安全防护 2. 确认故障现象 3. 故障检测流程符合工艺规范 4. 检测设备及工具使用正确 5. 记录检测结果并进行分析	某项未做不给分 操作方法不当扣2分	25分		
文明操作	操作有序、规范	根据情况酌情扣分	5分		
安全操作	无机具、人身事故	根据情况酌情扣分	10分		
7S管理	整理工具、清洁场地	根据情况酌情扣分	5分		

2. 教师总体评价（50分）

得分：_____

任务五　喇叭电路故障检修

任务目标

1. 能够看懂捷达轿车喇叭电路图。
2. 能正确地分析喇叭电路原理。
3. 能够对喇叭电路故障进行检测与排除。

任务描述

能够根据捷达轿车喇叭电路图，对捷达轿车喇叭电路原理进行分析，学会喇叭电器元件的拆装，对捷达轿车喇叭电路故障进行检测与排除。

知识储备

1. 捷达轿车喇叭系统的工作原理

捷达轿车灯光电路简图如图4-13所示，其电路工作过程如下：

项目四 汽车照明与信号系统检修

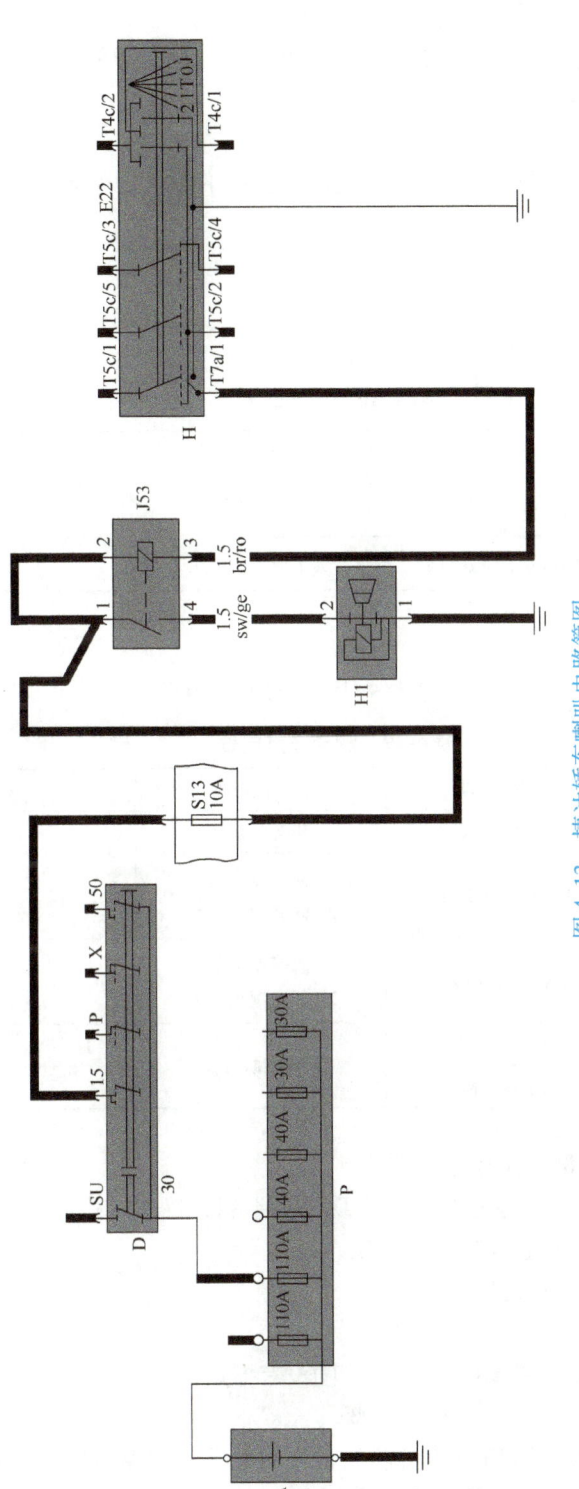

图 4-13 捷达轿车喇叭电路简图

A—蓄电池 D—点火开关 P—主熔断器盒，位于蓄电池上方 H1—喇叭 J53—喇叭继电器 2 H—喇叭按钮

(1) 喇叭控制电路　电流流向为：蓄电池正极→熔断器 P→点火开关 D→熔断器 S13→喇叭继电器 J53 线圈→喇叭开关 H→搭铁→蓄电池负极。

(2) 喇叭电路　电流流向为蓄电池正极→熔断器 P→点火开关 D→熔断器 S13→喇叭继电器 J53 触点→喇叭 H1→搭铁→蓄电池负极。

2. 更换喇叭

打开发动机舱盖，取下前格栅，松开喇叭螺栓，取下喇叭，更换新的喇叭。

任务实施

1. 任务准备

任务所需的资料、设备、工具见表 4-18。

表 4-18　任务准备

维修资料	捷达轿车（2008 款）电路图、维修手册
所需设备	万用表、试灯、整车、灯泡、胶布
所需工具	座椅套、方向盘套、变速杆套、脚垫、翼子板布、常用工具

2. 完成下列各项任务

(1) 在正常运转的捷达轿车上测量表 4-19 中的节点电位。

表 4-19　测量节点电位

检测位置	检测节点	检测条件	检测结果
熔断器 S13	熔断器两侧端点	开启近光灯	
喇叭开关 H	插接器 T7a/1 脚	1. 插接器不断开 2. 断开喇叭开关	
	插接器 T7a/1 脚	1. 插接器不断开 2. 开启喇叭开关	
喇叭	插接器 2 脚	开启喇叭开关	
	插接器 1 脚		

(2) 根据下面故障案例，完成相应题目。

一辆 2008 款捷达轿车，行驶过程中，发现喇叭不响，特来维修。

1) 根据上述案例在实车上观察故障现象。

打开点火开关（发动机不运转）。

喇叭状况：　□响　　　　　□不响

喇叭继电器状况：　□有振动　　　　□没有振动

转向灯状况：□闪烁　　　　□不闪烁

2) 根据观察的故障现象进行故障分析。请在可能发生故障的元器件或线路中进行选择，如表 4-20 中没有列出，可在后面进行补充。

表 4-20　可能发生故障的元器件或线路

蓄电池　☐	熔断器 110A　☐
熔断器 S13　☐	点火开关 D　☐
喇叭开关 E1　☐	喇叭 H　☐
喇叭继电器 J53　☐	熔断器 S13-喇叭继电器 J53 线路　☐

3）根据分析结果，检修汽车喇叭故障。

评价总结

1. 小组评价（见表 4-21，50 分）

表 4-21　小组评价表

操作项目	考核内容	评分标准	配分	扣分	得分
考前准备	作业服着装整齐，防护齐备	根据情况酌情扣分	5 分		
	一次性备齐所需工具				
操作步骤	1. 车辆或部件的安全防护 2. 确认故障现象 3. 故障检测流程符合工艺规范 4. 检测设备及工具使用正确 5. 记录检测结果并进行分析	某项未做不给分 操作方法不当扣 2 分	25 分		
文明操作	操作有序、规范	根据情况酌情扣分	5 分		
安全操作	无机具、人身事故	根据情况酌情扣分	10 分		
7S 管理	整理工具、清洁场地	根据情况酌情扣分	5 分		

2. 教师总体评价（50 分）

得分：_____

项目习题

一、填空题

1. 汽车的照明系统主要由_____、_____和_____三大部分组成。

2. 前雾灯是主要用于改善_____、_____、_____情况下道路照明的灯具。一般的车辆用的都是_____灯，少数车辆配置_____和_____灯。

3. 照明系统电路主要由_____、_____、_____、_____及_____、_____等灯具等组成。

二、判断题

1. 前照灯的光束是可调的。（   ）

2. 远光灯的功率比近光灯的功率大。（   ）

3. 白炽灯泡和卤钨灯泡的灯丝都是用钨丝制成的。（   ）

4. 牌照灯装于汽车尾部牌照上方或左右两侧，用于牌照照明，起到车辆肇事或行驶违法违章时的追溯作用。（   ）

5. 前雾灯安装在前照灯附近或比前照灯较低的前保险杠上方的位置。（   ）

三、简答题

1. 简述汽车照明系统的作用和组成。

2. 简述前照灯防眩目措施。

3. 试论述汽车灯光的性能检查有屏幕检验法。

项目五

汽车仪表系统检修

项目描述

为了方便驾驶人随时掌握车辆的各种工作状况,保证行车安全,并及时发现和排除车辆存在的故障,汽车上都安装有多种监控仪表和报警信息装置。

任务一　认识汽车仪表系统

任务目标

1. 能正确认识汽车上仪表的作用与种类。
2. 掌握仪表的工作原理。

任务描述

为了方便驾驶人随时观察与掌握汽车各系统的工作状态,在驾驶室仪表板上装有各种指示仪表,它们可以为驾驶人提供各种各样的汽车参数信息,提醒驾驶人注意各种警示信息或者汽车故障。汽车仪表系统主要包括机油压力表、冷却液温度表、发动机转速表、燃油表和电流表等。

知识储备

1. 仪表的种类

汽车仪表是用于指示汽车的运行工况,它主要包括电流表、电压表、机油压力表、燃油表、车速里程表、发动机转速表和相应的传感器等。汽车仪表集中安装在仪表板上。

汽车仪表按工作原理可分为机械式仪表、电气式仪表、模拟电路电子仪表和数字化电子仪表。传统仪表一般是指机械式仪表、电气式仪表和模拟电路电子仪表。随着现代汽车不断向信息化和电子化方向发展，数字化电子仪表相对于传统仪表具有集成度、精确度高、信息含量大、可靠性好及显示模式自由等优点，逐步取代传统仪表。

现代汽车最常用的是组合仪表。组合仪表又分为可拆式和整体不可拆式两种。可拆式组合仪表的仪表、指示灯等组成部件如果损坏，可以单独更换；而整体不可拆式仪表的仪表、指示灯等组成部件如果损坏，就只能更换总成，成本较高。

2. 电流表

（1）作用　电流表用来指示蓄电池充、放电电流值，还可以通过它监视电源系统的工作是否正常。电流表串接在蓄电池充电电路中，当电流表的指针指向"＋"一侧时，表示蓄电池充电；当电流表的指针指向"－"一侧时，表示蓄电池放电。

（2）种类　电流表有电磁式和动磁式两种类型。

1）电磁式电流表

① 组成：电磁式电流表的结构如图 5-1 所示，黄铜板条 3 固定在绝缘底板上，两端与接线端子 1、2 相连，下面夹有永久磁铁 6，在磁铁内侧的转轴 5 上装有带指针的软钢转子 4。

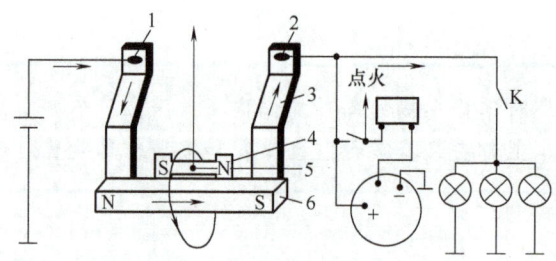

图 5-1　电磁式电流表的结构

1、2—接线端子　3—黄铜板条　4—软钢转子与指针　5—转轴　6—永久磁铁

② 工作原理：电磁式电流表的工作原理如图 5-2 所示。当电流表没有电流流过时，由于软钢转子被永久磁铁磁化，且转子磁化后的极性与永久磁铁的极性相反，因此两者互相吸引，使指针偏转。

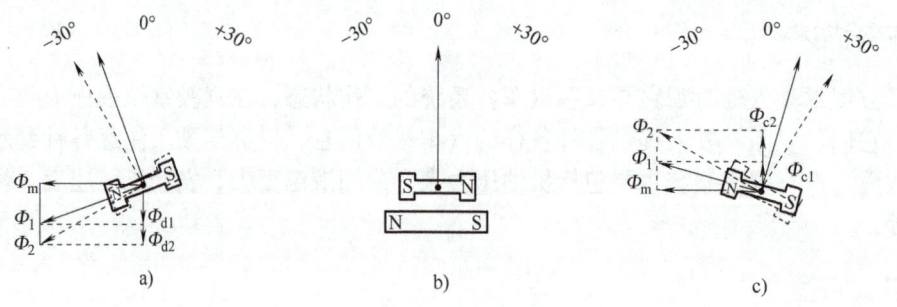

图 5-2　电磁式电流表的工作原理

a) $I<0$　b) $I=0$　c) $I>0$

当蓄电池的放电电流流过黄铜板条时，在其周围就会产生磁场，方向可用安培定则（即右手螺旋定则）判定。由图 5-1 可见，放电电流的磁场方向与永久磁铁的磁场方向垂

直。因此，放电电流的磁场（磁通量用 Φ_{d1} 表示）与永久磁铁的磁场（磁通量用 Φ_m 表示）就会产生一个合成磁场（磁通量用 Φ_1 表示），如图 5-2a 所示，转子与指针在合成磁场的作用下，就会向刻度盘上的负值（-）方向偏转一个角度，指示充电系统处于放电状态。放电电流越大，电流的磁场就越强（磁通量用 Φ_{d2} 表示），合成磁场也就越强（磁通量用 Φ_2 表示），转子与指针偏转的角度也就越大，如图 5-2a 中虚线所示。

如果交流发电机向蓄电池充电，则电流及其磁场方向与放电时恰好相反，如图 5-2c 所示。充电电流小时的磁通量用 Φ_{c1} 表示，合成磁场的磁通量用 Φ_1 表示，此时合成磁场使转子与指针向刻度盘正值（+）方向偏转的角度小。充电电流大时的磁通量用 Φ_{c2} 表示，合成磁场的磁通量用 Φ_2 表示，此时合成磁场使转子与指针偏转的角度增大。

电磁式电流表的两个接线端子具有正负极之分，标有正极"+"标记的端子应与交流发电机的输出端子"B"相连，标有负极"-"标记的端子应与蓄电池正极端子"BAT"相连。

③ 电流表的检修。

检验方法：将被试电流表与标准直流电流表（-30～30A）及可变电阻串联在一起，比较两个电流表的读数，若读数差不超过 20%，则可认为被测电流表工作正常。

电流表的调整：若被试电流表读数偏高，应该以充磁法进行调整。充磁法有两种：一种是永久磁铁法，另一种是电磁铁法。

2）动磁式电流表。

① 组成：动磁式电流表的结构如图 5-3 所示，其由永久磁铁、活动线圈、盘簧、枢轴四部分组成。

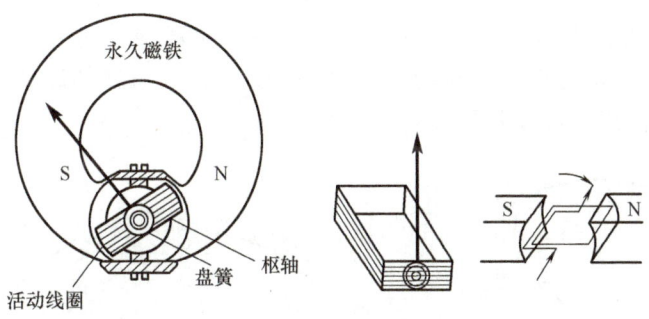

图 5-3　动磁式电流表结构图

② 工作原理：当发电电流通过导电板 2 时，在它的周围产生磁场，使浮装在导电板中心的磁钢指针向"-"方向偏转，指示出放电电流读数。电流越大，偏转越多，则指示电流读数越大。若充电电流通过导电板 2 时，指针向"+"方向偏转，指示出充电电流的大小（见图 5-4）。这种动磁式电流表远比电磁式电流表精准，但因耐振性较差、制造成本高，一般只在现代新型工程机械车辆上应用。

3. 电压表

（1）作用　指示电源系统的工作情况。因为电压表能够指示电压的高低来反映发电机、调节器和蓄电池的技术状况，所以比电流表和充电指示灯更为直观实用。

（2）种类　电压表有电磁式和双金属片式两种类型，由于双金属片式在接通或断开电

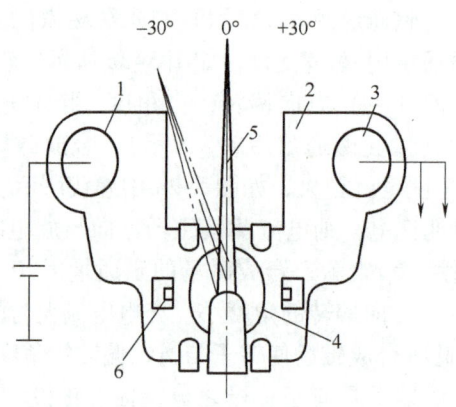

图 5-4 动磁系电流表的工作原理

1、3—接线柱 2—导电板 4—永磁转子 5—指针 6—磁轭

源时,指示摆动较为迟缓,故应用较少。下文介绍电磁式电压表。

① 组成:汽车用电磁式电压表由两个十字交叉布置的电磁线圈、永久磁铁、转子、指针及刻度盘组成。两个电磁线圈与稳压管 VS 以及阻值为 112Ω 的限流电阻 R 串联。在电磁线圈电路中串联稳压管的目的是:当电源电压达到一定数值时,电磁线圈才有电流流过,电压表电路才能接通。

② 工作原理:当电压表尚未接通或电源电压低于稳压管的稳定电压时,永久磁铁将转子磁化,使指针保持在初始位置(即指针指向 9V 位置),如图 5-5a 所示。

当电压表电路接通、电源电压达到稳压管稳定电压时,电磁线圈通过电流 I_1 和 I_2,产生磁场(磁通量分别用 Φ_1 和 Φ_2 表示)将转子磁化,磁场的方向是 Φ_1 和 Φ_2 的合成磁场(磁通量用 $\Phi_电$ 表示)的方向,电流的合成磁场 $\Phi_电$ 与永久磁铁的磁场 $\Phi_永$ 形成磁场 $\Phi_合$,便使转子带动指针偏转,如图 5-5b 所示。

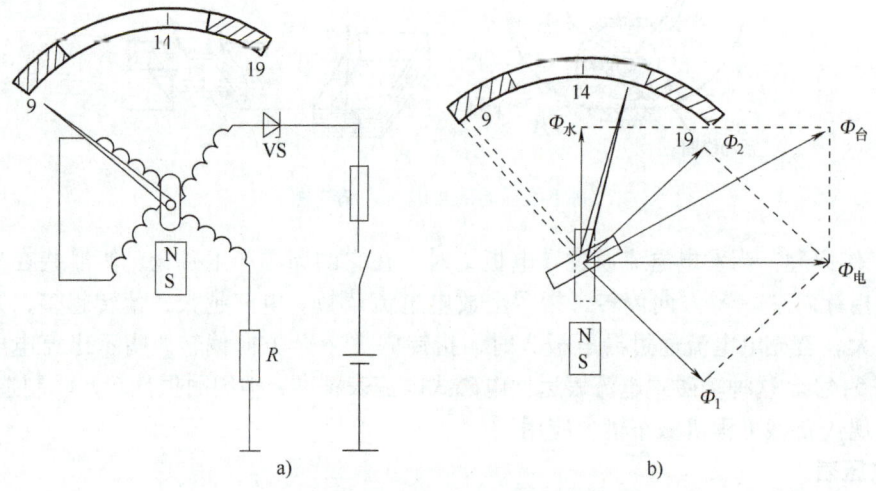

图 5-5 电磁式电压表结构原理

a)无电流流过时 b)有电流流过时

电源电压越高,通过电磁线圈的电流就越大,电流的合成磁场就越强,因此指针偏转的角度就越大。

③ 检查与调整:接通点火开关、但未起动发动机时,电压表指示的是蓄电池端电压,12V 电气系统的电压一般为 11.5~12.6V。

在接通起动机瞬间,电压表指示读数有所降低,对于 12V 电气系统的电压会降低到 9~10V。若电压表指示值过低,则表明蓄电池亏电或有故障。

发动机起动后正常运转时,电压表指针应指在额定电压区域内(13.5~14.5V)。若接通点火开关,发动机起动前后电压表指示读数不变,则表明发电机不发电;若起动后电压表指示值不在额定区域内,则表明调节器损坏。

4. 冷却液温度表

(1) 作用　冷却液温度表用来指示发动机冷却液的工作温度。冷却液温度表由安装在发动机冷却液道上的温度传感器和安装在仪表盘上的温度指示表两部分组成。

(2) 种类　汽车冷却液温度表按工作原理的不同可分为电磁式和电热式(双金属片式)两种类型。

1) 电磁式冷却液温度表。

① 组成:由电磁式温度指示表和热敏电阻式传感器组成。冷却液温度指示表中设有两个电磁线圈 W_1、W_2 和铁磁转子,电磁线圈 W_2 与传感器的热敏电阻并联。转子上固定指针,称为指针转子,指针转子套装在轴上,由电磁线圈产生的合成磁场驱动而摆动。

热敏电阻式传感器的阻值随冷却液温度变化而变化。当温度降低时,热敏电阻的阻值增大;反之,当温度升高时其阻值减小。

② 工作原理:如图 5-6 所示,当冷却液温度较低时,热敏电阻的阻值较大,电磁线圈 W_1 上的分压值较低,流过线圈 W_2 的电流相对较小,流过线圈 W_2 的电流相对较大,其合成磁场驱动指针转子向左偏转角度较大,从而指示冷却液温度较低。当冷却液温度升高时,热敏电阻的阻值减小,电磁线圈 W_1 上的分压值增大,流过线圈 W_1 的电流相对增大,流过 W_2 的电流相对减小,其合成磁场驱动指针转子向右偏转角度增大,从而指示冷却液温度升高。发动机正常工作时,冷却液温度一般在 85℃ 左右。

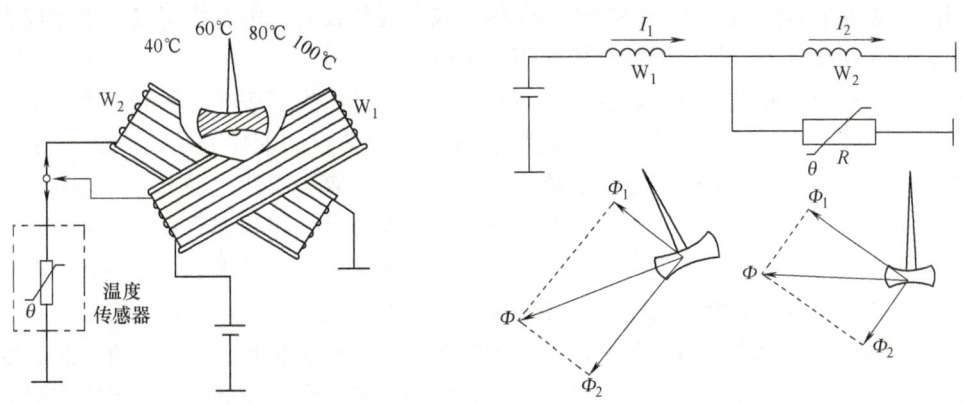

图 5-6　电磁式冷却液温度表的工作原理

③ 检查方法:检查电磁式温度传感器和冷却液温度指示表时,可拆下传感器上的接线,

测量传感器输入端与搭铁之间的电阻。若室温下热敏电阻的阻值约为100Ω，则表明传感器良好；另用一阻值为80~100Ω的电阻代替传感器直接搭铁，当接通电源时，如果冷却液温度指示表的表针指在60~70℃之间，则表明冷却液温度指示表良好。

2) 电热式冷却液温度表。电热式冷却液温度表由仪表稳压器、双金属片式冷却液温度指示表与热敏电阻式传感器组成的。其工作原理如图5-7所示，当点火开关SW接通时，仪表稳压器电路接通，其加热线圈和双金属片工作，并向冷却液温度指示表和热敏电阻式传感器提供一个稳定的平均电压。冷却液温度指示表和热敏电阻式传感器电路为：稳压器输出端子"O"→指示表正极端子4→指示表加热线圈7→指示表负极端子11→传感器接线端子12→传感器弹簧13→热敏电阻14→壳体15（搭铁）→仪表稳压器负极。

当发动机冷却液温度较低时，传感器的热敏电阻阻值较大，指示表加热线圈流过的电流值较小，双金属片受热弯曲变形小，指针向右偏摆角度较小，从而指示液位较低。当发动机冷却液温度升高时，传感器的热敏电阻阻值减小，指示表加热线圈流过的电流增大，双金属片受热产生的变形量增大，指针向右偏摆角度增大，从而指示液位升高。

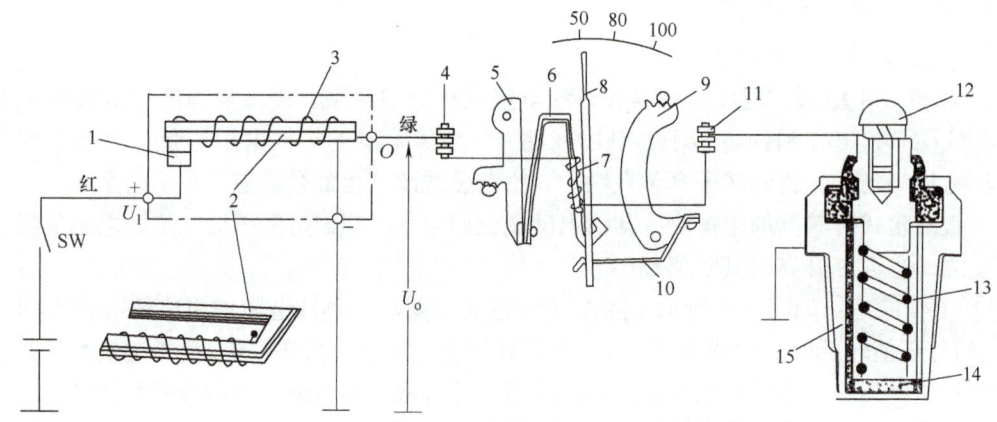

图5-7 电热式（双金属片式）温度表的工作原理

1—稳压器触点 2、6—双金属片 3、7—加热线圈 4—正极端子 5、9—调整齿扇 8—指针 10—连接杆
11—负极端子 12—接线端子 13—弹簧 14—热敏电阻 15—传感器壳体

当冷却液温度表的温度指示表和传感器均为双金属片式时，电路中可以不采用仪表稳压器。双金属片式指示表与传感器的结构如图5-8所示。

双金属片式冷却液温度指示表的结构与双金属片式油压指示表完全相同，唯一不同的是仪表板刻度不同。双金属片式冷却液温度传感器是一个密封的铜质壳体，内装"П"形双金属片，双金属片上绕有加热线圈。加热线圈一端焊接在双金属片的触点上，另一端与导电接触片5相连。固定触点用螺钉固定在触点臂上，触点臂另一端与铜质壳体连接而搭铁。

当点火开关接通时，冷却液温度表电路为：蓄电池正极→点火开关SW→指示表双金属片9上的加热线圈→传感器接线端子→导电接触片→加热线圈→触点→触点臂搭铁→蓄电池负极。双金属片4经加热线圈加热后，向上弯曲变形，使触点断开，切断电流通路。经过一段时间后，双金属片冷却复位，触点重新闭合，电路又被接通。如此循环，电路中形成一个平均电流，该平均电流的大小取决于冷却液温度的高低。

当冷却液温度较低时，由于传感器双金属片周围环境温度较低，因此只有当加热线圈通过较大电流使双金属片产生较大变形时，才能使触点断开。与此同时，因为传感器双金属片

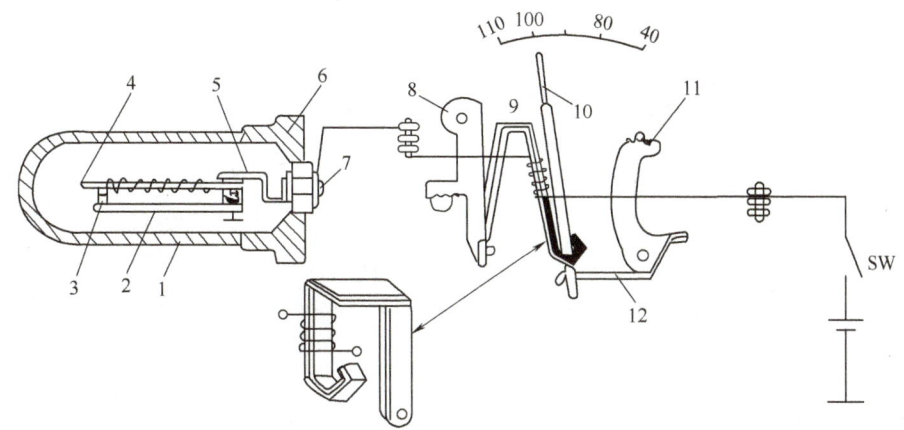

图 5-8　不带稳压器的双金属片式温度指示表与传感器的结构
1—冷却液温度传感器壳体　2—触点臂　3—固定触点　4、9—双金属片　5—导电接触片　6—接线座
7—传感器接线端子　8、11—调整齿扇　10—指针　12—弹簧片

周围环境温度较低、散热容易，所以触点断开后，双金属片在较短时间内就会冷却复位使触点再次闭合。因此当冷却液温度较低时，触点闭合时间较长、断开时间较短，流过指示表加热线圈的平均电流较大，使指示表双金属片受热变形较大，带动指针偏转角度较大，从而指向低温。

当冷却液温度升高时，传感器双金属片周围环境温度较高且散热困难，传感器加热线圈通过较小电流就能使触点断开，且在触点断开后双金属片需要经过较长时间散热才能使触点再次闭合。因此当冷却液温度升高时，触点闭合时间缩短、断开时间增长，流过指示表加热线圈的平均电流减小，使指示表双金属片受热变形减小，带动指针偏转角度减小，从而指示温度升高。

双金属片式油压表与燃油表的工作原理与双金属片式冷却液温度表工作原理相似，在此不再赘述。

5. 燃油表

（1）作用　燃油表用来指示燃油箱内燃油的储存量。

（2）种类　燃油指示表有电磁式、动磁式和双金属片式。电磁式和双金属片式指示表的结构与原理与前述仪表基本相同。

动磁式燃油表由装在燃油箱内的传感器和装在仪表板上的燃油指示表组成。它的工作原理如下：它的两个线圈互相垂直地绕在一个矩形塑料架上，塑料套筒轴承和金属轴穿过交叉线圈，金属轴上装有永久磁铁转子，转子上连有指针。动磁式燃油表由可变电阻、浮子、滑片等组成，如图 5-9 所示。

当接通电源开关后，燃油表中的电流回路是：蓄电池正极→电源开关→左线圈 2→分两路（一路流经右线圈 4；另一路流经接线柱 6→可变电阻 5→滑片 7→搭铁→蓄电池负极）。

当油箱无油时，浮子 8 下沉，可变电阻 5 上的滑片 7 移至最右端，可变电阻 5 和右线圈 4 均被短路，永久磁铁转子 1 在左线圈 2 的磁力作用下向左偏转，带动指针 3 指示油位为 0。随着油量的增加，浮子上升，可变电阻部分接入，使左线圈 2 中的电流相对减小，右线圈中的电流相对增大，永久磁铁转子在合成磁场作用下转动，使指针向右偏转，指示出与油箱油

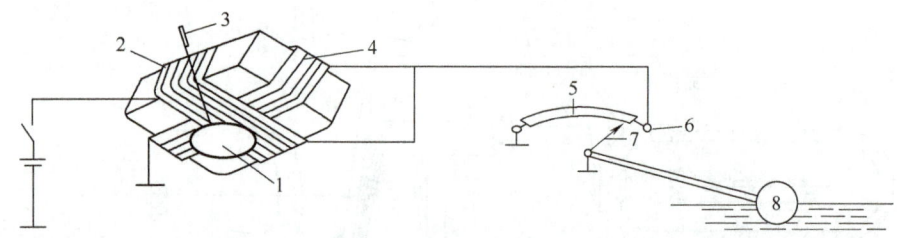

图 5-9 动磁式燃油表

1—永久磁铁转子 2—左线圈 3—动指针 4—右线圈 5—可变电阻 6—接线柱 7—滑片 8—浮子

量相对应的标度。

6. 车速里程表

（1）作用　车速里程表是用来指示汽车行驶速度和累计行驶里程数的仪表。

（2）种类　按工作原理不同，车速里程表可分为磁感应式和电子控制式两种。

1）磁感应式车速里程表。磁感应式车速里程表由车速表和里程表两部分组成，主要由永久磁铁、感应罩、磁屏（铁护罩）、游丝、指针与刻度盘、计数轮、蜗轮蜗杆和主动轴等组成，如图5-10所示。主动轴由变速器（或分动器）传动蜗杆经钢缆软轴驱动。

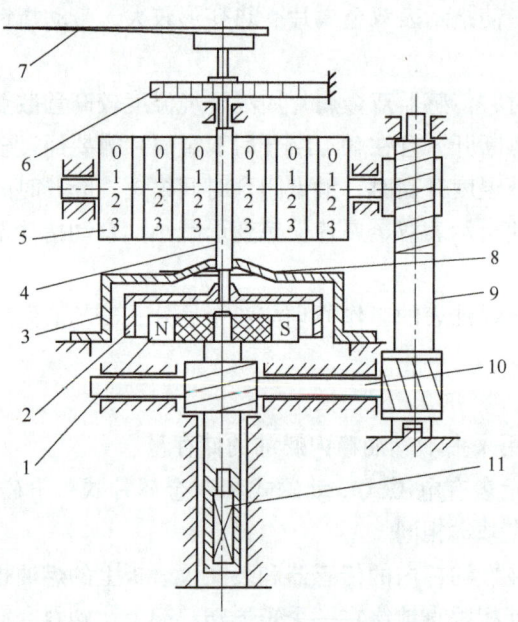

图 5-10　磁感应式车速里程表

1—永久磁铁　2—感应罩　3—磁屏（铁护罩）　4—针轴　5—计数轮　6—游丝　7—指针　8—卡簧
9—竖直蜗轮轴　10—水平蜗轮轴　11—主动轴

车速表由与主动轴紧固在一起的永久磁铁、带有针轴和指针的感应罩、磁屏（铁护罩）和紧固在车速里程表外壳上的刻度盘等组成。

汽车停驶时，感应罩在盘形游丝弹簧的弹力作用下，使指针指向刻度盘的"0"位置。当汽车行驶时，主动轴带动永久磁铁旋转，磁力线在感应罩上就会产生涡流，涡流产生的磁场与永久磁铁的旋转磁场相互作用就会产生转矩，这个转矩克服游丝弹簧的力矩，就会使感应罩沿着永久磁铁转动的方向转动一定的角度，与游丝弹簧的弹力平衡。与此同时，感应罩通过针轴带动指针转过一个与车速成正比的角度，从而在刻度盘上指示出相应的车速。车速越高，永久磁铁旋转越快，感应罩上的涡流越强，转矩越大，铝罩带动指针偏转的角度越大，指示的车速也就越高。

里程表由蜗轮蜗杆机构和十进制数字轮组成。数字轮上制作有传动齿轮和进位齿轮。蜗轮蜗杆具有一定的传动比，汽车行驶时，钢缆软轴带动主动轴转动，并经三对蜗轮蜗杆驱动里程表右边的第一数字轮转动。第一数字轮上所刻的数字为 1/10km。在两个相邻的数字轮之间，既通过自身的内齿进行齿轮传动，又通过进位数字轮进行进位传动，从而形成 1∶10 的传动比，即在右侧数字轮转动一周，数字由"9"翻转到"0"的同时，其进位数字轮便使左侧相邻的数字轮转动 1/10 周，形成十进位递增关系。当汽车行驶时，就可累计出行驶里程数。

2）电子式车速里程表。电子式车速里程表是用装在变速器上的传感器获取车速信号，并通过导线传输信号，能够克服磁感应式车速里程表用钢缆软轴传输转矩带来磨损等缺点。电子式车速里程表还具有精度高、指示平稳和寿命长等优点。因此，现代汽车特别是小轿车普遍采用，国产桑塔纳 2000 型、奥迪 100 型轿车都采用了电子式车速里程表。

电子式车速里程表主要由车速传感器、电子电路、车速表和里程表四部分组成，既能指示汽车行驶速度，又能记录行驶里程（包括累计里程和单程里程），并具有复零功能，其内部电路结构如图 5-11 所示。

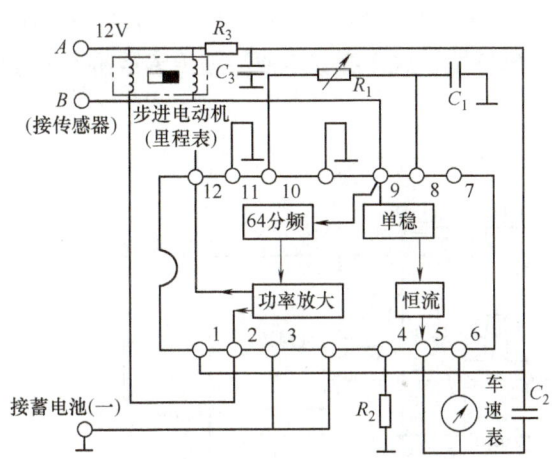

图 5-11　电子式车速里程表的内部电路结构

车速表实际上是一个磁电式电流表，当汽车以不同车速行驶时，从电子电路接线端子 6 输入与车速成正比的电流信号，驱动车速表指针偏转，从而指示相应的车速。在车速表刻度盘上 50～130km/h 的区域标有红色标记，表示其为经济车速区域。

里程表是由一个步进电动机及 6 位数字的十进位齿轮计数器组成。步进电动机是一种利用电磁铁的作用原理将脉冲信号转换为线位移或角位移的微型电动机。车速传感器输出的频率信号经过 64 分频后，再经功率放大器放大到具有足够的功率去驱动步进电动机，带动 6 位数字的十进位齿轮计数器工作，从而记录累计里程和日程里程。

累计里程和日程里程的任何一位数字轮转动一圈，进位齿轮就会使其左边的相邻计数轮转动 1/10 圈。车速里程表上设有一个单程里程计复位杆，当需要清除单程里程时，只需按一下复位杆,单程里程计的 4 个数字轮就会全部复位为零。

7. 发动机转速表

(1) 作用　反映、检测发动机的实时转速,从而确定发动机的工况。

(2) 种类　发动机转速表分为机械式和电子式两种。机械式转速表的工作原理与上述磁感应式车速表基本相同。电子式转速表指示平稳、结构简单、安装方便,因此在小轿车中被广泛采用。电子式转速表又分为汽油发动机转速表和柴油发动机转速表两种。前者的转速信号既可从点火系统的一次电路获取,也可从转速传感器获取;后者的转速信号只能从转速传感器获取。

1) 磁感应式发动机转速表。磁感应式发动机转速表是指采用磁感应式传感器检测发动机转速信号的电子式转速表。这种转速表既可用于测量汽油发动机转速,也可用于测量柴油发动机转速。因为从点火系统一次电路获取转速信号时,点火线圈一次绕组具有 250~350V 的自感电动势,电子电路不便处理,所以采用传感器获取转速信号的转速表的汽油发动机汽车越来越多。

磁感应式转速表由磁感应式传感器、电子电路和毫安表组成。转速信号一般取自发动机曲轴信号,因此传感器一般都安装在飞轮壳上。

在图 5-12a 所示电路中,电子电路的核心部件是频率电压转换器 LM2907 或 LM2917。试验证明,转速传感器信号输入频率电压转换器后,经过频率电压转换器 LM2907 或 LM2917 内部电路进行处理,即可将反映发动机转速的频率信号转换为电压信号,从而得到图 5-12b 中曲线所示的输出特性,这样毫安表便能随传感器输入信号频率增加,平稳地指示发动机转速升高。

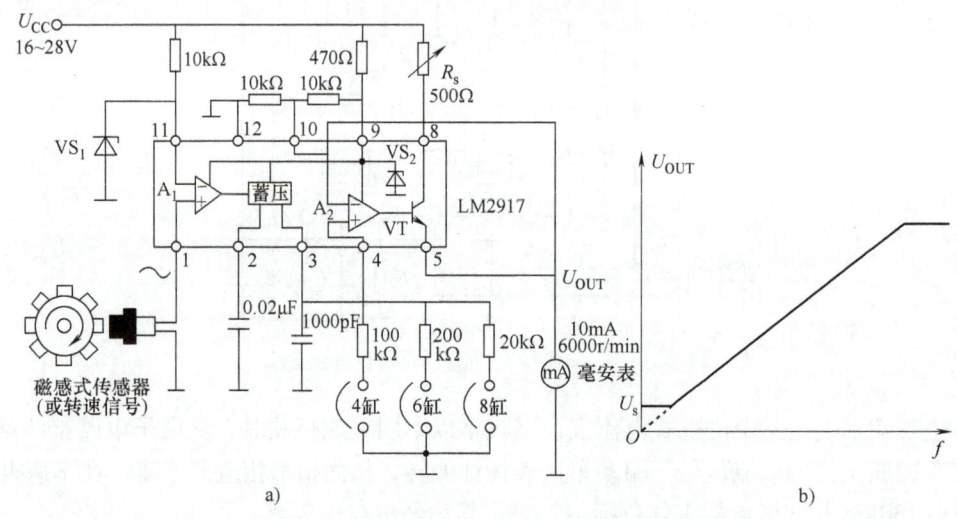

图 5-12　磁感应式发动机转速表电路图
a) 电路图　b) 特性曲线

电压 U_s 称为最小输出电压,在频率较低(发动机转速在 0~100r/min 范围内)时,保持最小输出电压稳定的目的是克服毫安表的机械惯性和磁滞性,使转速表在低速时就能准确指示发动机转速。调节电阻 R_s 的阻值,即可调节最小输出电压的大小,从而使毫安表在某一转速开始比较准确地指示发动机转速。

2）汽油发动机转速表。

组成：发动机转速表由信号源、电子电路和指示表三部分组成。汽油发动机用电子式转速表的转速信号一般取自点火系统的一次电路，如分电器触点或电子点火系统的点火线圈"-1"接线端子，因此可以节省一只转速传感器。转速信号取自点火系统一次电路，转速表电路图 5-13 所示。

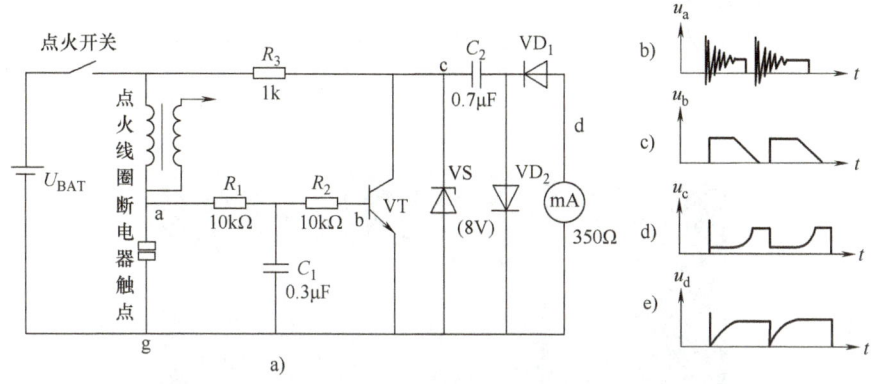

图 5-13　汽油机用电子转速表电路图

a）电路图　b）转速信号电压 U_a 波形　c）基极电压 U_b 波形　d）电容器 C_2 充电电压 U_c 波形
e）电容器 C_2 放电电压 U_d 波形

当发动机工作时，分电器触点不断开闭，其开闭次数与发动机转速成正比（曲轴每转一圈，四缸发动机触点开闭两次、六缸发动机触点开闭三次）。触点开闭产生断续电流，经 R_1、C_1 组成的积分电路整形送至晶体管 VT，从而取得一个具有固定幅值（电流值）和脉冲宽度（时间）的矩形波电流，此电流通过毫安表。

工作原理：当触点闭合时，晶体管 VT 无偏压而处于截止状态，电容器 C_2 被充电，其充电电路为：蓄电池正极→电阻 R_3→电容器 C_2→二极管 VD_2→蓄电池负极。

当触点分开时，晶体管 VT 的基极电位接近电源正极，VT 由截止转为导通状态。此时电容器 C_2 所充满的电荷经毫安表放电。其放电电路为：电容器 C_2 正极→晶体管 VT→毫安表→二极管 VD_1→电容器 C_2 负极。触点循环开闭，电路重复上述工作过程。二极管 VD_2 为电容器 C_2 提供充电回路，二极管 VD_1 为电容器 C_2 提供放电回路，C_2 的放电电流通过毫安表。因为电容器 C_2 每次充、放电电量 Q 与其电容量 C 和电容器两端电压 U 成正比，即

$$Q = CU$$

所以，每个周期 T 内平均放电电流为

$$I = \frac{Q}{T} = \frac{CU}{T} = CUf$$

在电源电压稳定，充电时间常数 $\tau = R_3 C_2$ 不变的情况下，C 和 U 是固定值，则通过毫安表的电流平均值 I 只与触点的开闭频率 f 成正比，因此毫安表的读数即可直接反映发动机的转速。

任务实施

1. 任务准备

任务需要的资料、设备、工具见表 5-1。

表 5-1　任务准备

维修资料	捷达轿车维修手册
所需设备	捷达轿车整车
所需工具	座椅套、方向盘套、变速杆套、脚垫、翼子板布、常用工具

2. 完成下列各项任务

（1）老款捷达轿车仪表盘认识　根据图 5-14 所示，写出老款捷达轿车仪表盘表示的含义：

图 5-14　老款捷达轿车仪表盘

1 _____　2 _____　3 _____
4 _____　5 _____　6 _____

（2）新款捷达轿车仪表盘认识　根据图 5-15 所示，写出新款捷达轿车仪表盘表示的含义：

图 5-15　新款捷达轿车仪表盘

1 _____　2 _____　3 _____
4 _____　5 _____　6 _____
7 _____　8 _____　9 _____
10 _____　11 _____　12 _____

项目五 汽车仪表系统检修

评价总结

1. 小组评价（见表 5-2，50 分）

表 5-2 小组评价表

操作项目	考核内容	评分标准	配分	扣分	得分
考前准备	作业服着装整齐，防护齐备 一次性备齐所需工具	根据情况酌情扣分	5 分		
操作步骤	1. 车辆或元件安全防护 2. 确认故障现象 3. 故障检测流程符合工艺规范 4. 检测设备及工具使用正确 5. 记录检测结果并进行分析	某项未做不给分 操作方法不当扣 2 分	25 分		
文明操作	操作有序、规范	根据情况酌情扣分	5 分		
安全操作	无机具、人身事故	根据情况酌情扣分	10 分		
7S 管理	整理工具、清洁场地	根据情况酌情扣分	5 分		

2. 教师总体评价（50 分）

得分：_____

任务二　认识报警指示装置

任务目标

1. 能够认识汽车仪表上的各种报警指示装置。
2. 了解各种报警装置的作用。
3. 能够掌握警告灯的电路。

任务描述

汽车仪表除了指示基本的车辆行驶工况信息外，还对其他的一些工况进行监控并向驾驶人发出指示或警告信息。这些信息通常以指示灯的形式显示在仪表板上或者以文字信息的形式显示在液晶显示器上，有的还伴随蜂鸣声，以引起驾驶人的注意或重视。

知识储备

1. 警告灯及报警开关

汽车仪表上的指示灯系统一般由光源、刻有符号图案的透光塑料板和外电路组成。以前，指示灯的光源大多采用小的白炽灯泡，损坏后可以更换；而目前电子仪表上越来越多地采用体积小、亮度高、易于集成的彩色 LED 作为光源，但其损坏不易更换。仪表指示灯一般都使用国际标准化组织（ISO）规定的通用符号，其常见符号见表 5-3、表 5-4。

表 5-3 常见仪表指示与警告灯符号

警告灯符号	名　称	作　用
	转向灯指示灯	该指示灯是用来显示车辆转向灯所在的位置，通常为熄灭状态。当驾驶人点亮转向灯时，该指示灯会同时点亮相应方向的转向指示灯，转向灯熄灭后，该指示灯自动熄灭
	远光灯指示灯	该指示灯是用来显示车辆远光灯的状态，通常的情况下该指示灯为熄灭状态。当驾驶人点亮远光灯时，该指示灯会同时点亮，以提示车主，车辆的远光灯处于开启状态
	发动机故障指示灯	该指示灯用来显示车辆发动机的工作状况，当打开钥匙门车辆自检时，该指示灯点亮后自动熄灭，如常亮则说明车辆的发动机出现了故障，需要维修
	制动盘指示灯	该指示灯是用来显示车辆制动盘磨损的状况，一般该指示灯为熄灭状态。当制动盘出现故障或磨损过度时，该灯点亮，修复后熄灭
	驻车制动器指示灯	该指示灯用来显示车辆驻车制动器的状态，平时为熄灭状态。当驻车制动器被拉起后，该指示灯自动点亮。驻车制动器被放下时，该指示灯自动熄灭。有的车型在行驶中未放下驻车制动器会伴随有警告音
	冷却液温度指示灯	该指示灯用来显示发动机内冷却液的温度，钥匙门打开，车辆自检时，会点亮数秒后熄灭。冷却液温度指示灯常亮，说明冷却液温度超过规定值，需立刻暂停行驶；冷却液温度正常后熄灭
	充电指示灯	该指示灯用来显示充电系统状态。打开钥匙门车辆开始自检时，该指示灯点亮，起动后自动熄灭。如果起动后充电指示灯点亮，说明充电系统出现了使用问题，需要维修
	安全带指示灯	该指示灯用来显示安全带是否处于锁止状态，当该灯点亮时，说明安全带没有及时扣紧，有些车型会有相应的提示音。当安全带被及时扣紧后，该指示灯自动熄灭

(续)

警告灯符号	名　称	作　用
EPC	电子油门指示灯	EPC指示灯在大众品牌车型中比较常见。打开钥匙门后，车辆开始自检，EPC指示灯会点亮数秒，随后熄灭。如车辆起动后仍不熄灭，说明车辆机械与电子系统出现故障
(ABS)	ABS指示灯	ABS指示灯是用来显示车辆ABS的工作状况。当打开钥匙门后，车辆自检开始时，ABS指示灯会点亮数秒，随后自动熄灭。如果ABS指示灯未闪亮或者车辆起动后仍不熄灭，表明该车ABS出现故障
玻璃水	玻璃水指示灯	该指示灯是用来显示车辆所装玻璃清洁液的多少，平时为熄灭状态，该指示灯点亮时，说明车辆所装载玻璃清洁液已不足，需添加玻璃清洁液。添加玻璃清洁液后，指示灯熄灭
VSC	VSC指示灯	该指示灯是用来显示车辆电子车身稳定系统（VSC）的工作状态，多应用在日系车上。当该指示灯点亮时，说明VSC系统已被关闭
TCS	TCS指示灯	该指示灯是用来显示车辆牵引力控制系统（Traction Control System，TCS）的工作状态，多应用在日系车上。当该指示灯点亮时，说明TCS已被关闭
示宽灯	示宽指示灯	该指示灯是用来显示车辆示宽灯的工作状态，平时为熄灭状态，当示宽灯打开时，该指示灯随即点亮。当示宽灯关闭时，该指示灯自动熄灭
雾灯	雾灯指示灯	该指示灯是用来显示前后雾灯的工作状况，当前后雾灯点亮时，该指示灯相应的标志就会点亮。关闭雾灯后，相应的指示灯熄灭
油量	油量指示灯	该指示灯用来显示车辆内储油量的多少，当钥匙门打开，车辆进行自检时，该油量指示灯会短时间点亮，随后熄灭。如起动后该指示灯点亮，则说明车内油量已不足
O/D OFF	O/D档指示灯	O/D档指示灯用来显示自动档的（O/D：Over-Drive）超速档的工作状态，当O/D档指示灯闪亮，说明O/D档已锁止。此时加速能力获得提升，但会增加油耗
机油	机油压力过低警告灯	该指示灯用来显示发动机内机油的压力状况。打开钥匙门，车辆开始自检时，指示灯点亮，起动后熄灭。该指示灯常亮，说明该车发动机机油压力低于规定标准，需要维修
安全气囊	安全气囊指示灯	该指示灯用来显示安全气囊的工作状态，当打开钥匙门，车辆开始自检时，该指示灯自动点亮数秒后熄灭；如果常亮，则安全气囊出现故障
车门	车门指示灯	该指示灯用来显示车辆各车门状况，任何车门未关上，或者未关好，该指示灯都会点亮相应的车门指示灯，提示车主车门未关好；当车门关闭或关好时，相应车门指示灯熄灭

表 5-4 常见的控制键符号

控制键符号	名 称	作 用
ESP	电子稳定装置	该按键是用来打开关闭车辆的电子稳定装置（Electronic Stablity Program，ESP）。车辆的 ESP 系统默认为工作状态，为了享受更直接的驾驶感受，驾驶人可以按下该按键关闭 ESP 系统
（车辆图标）	内循环指示灯	该指示灯是用来显示车辆空调系统的工作状态，平时为熄灭状态。当点亮内循环按钮，车辆关闭外循环，空调系统进入内循环状态时，该指示灯自动点亮。内循环关闭时熄灭
P)))	倒车雷达键	该按键是用来根据驾驶人需要打开或是关闭车上的倒车雷达系统。驾驶人可以按下该按钮手动控制倒车雷达的工作。在倒车时手动关闭倒车雷达，或是手动开启倒车雷达
（车门图标）	中控锁键	该按键是车辆中控门锁的控制按钮。驾驶人可以通过按下该按钮，同时打开或是关闭各车门的门锁，也可以单独关闭某一个开启的车门，有效地保证了车内人员的安全
（前照灯清洗图标）	前照灯清洗键	该按键是用来控制前照灯的自动清洗功能。在装有前照灯清洗装置的车辆上，驾驶人可以通过按下这一按键开启前照灯清洗装置，对车辆的前照灯进行喷水清洗
SHADE	后遮阳帘键	该按键是用来控制车内电动后遮阳帘的打开与关闭。在装有电动后遮阳帘的车内，驾驶人可以通过按下这一按键打开或是开启后窗的电动遮阳帘，用来遮挡阳光

（1）机油压力报警装置　机油压力警告灯用于提醒驾驶人注意发动机的机油压力异常，指示机油泵是否以正常压力供给发动机的各部件。

1）弹簧管式机油压力警告灯。该灯由位于发动机润滑系统中的机油压力开关控制，机油压力警报装置的报警开关一般装在主油道上，如图 5-16 所示为弹簧管式机油压力报警电路。

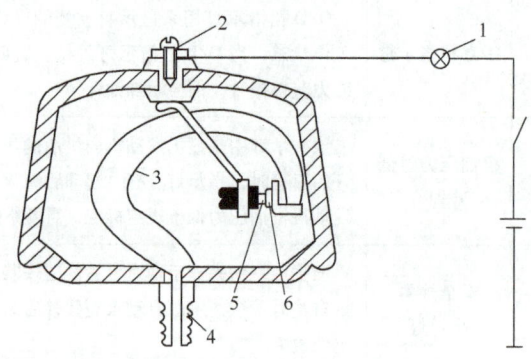

图 5-16　弹簧管式机油压力报警电路
1—警告灯　2—接线柱　3—弹簧管　4—管接头　5—静触点　6—动触点

弹簧管式机油压力报警开关为盒式，内有一管形弹簧，一端与管接头相连，另一端与动触点相连,静触点与接线柱经接触片与接线柱相连。当机油压力低于 0.05MPa 时,管形弹簧变形很小,动触点和静触点闭合,电路接通,警告灯点亮;当机油压力高于 0.05MPa 时,弹簧变形较大,动触点和静触点分开,电路断开,警告灯熄灭。

2)膜片式油压警告灯。如图 5-17 所示,当机油油压下降到一定值时,油压报警传感器中的活动触点下降并与固定触点接触,即可接通油压警告灯电路,从而使油压警告灯点亮。

(2)冷却液温度报警装置 冷却系统报警信息一般指冷却液不足、液位过低报警和冷却液温度告警。冷却液温度警告灯的作用是当发动机冷却液温度升高到一定程度时,警告灯自动点亮,以示警报。冷却液温度警告灯的通断通常由双金属温度开关控制。当冷却液温度低于极限温度时,双金属上的触点与固定触点保持分离状态,警告灯不亮;当冷却液温度高于极限温度时,双金属片受热变形向下弯曲程度变大,使触点和触点接触,将警告灯电路接通,警告灯点亮,以提醒驾驶人注意。冷却液温度警告灯电路如图 5-18 所示。

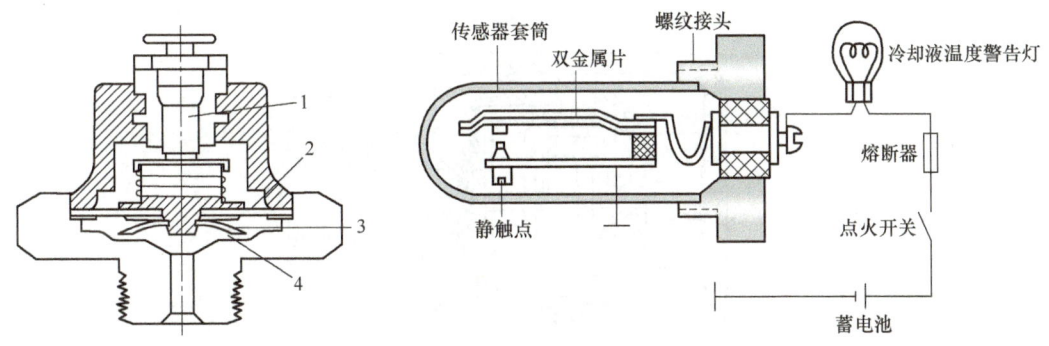

图 5-17 膜片式油压警告灯开关
1—调整螺钉 2—膜片 3—活动触点 4—固定触点

图 5-18 冷却液温度警告灯电路

(3)燃油量报警装置 燃油量报警装置用于监视燃油箱中的燃油量,当燃油液位降至低于规定值时,模块中的油位报警开关闭合,向燃油量警告灯供电,使警告灯点亮,表明燃油剩余量不足。常见燃油油位警告灯电路如图 5-19 所示。该装置是由负温度系数的热敏电阻式燃油油量报警传感器和警告灯组成的。当油箱内油量较多时,热敏电阻元件浸没在燃油中,散热快、温度较低、电阻值较大,因此电路中电流很小,警告灯不亮;当燃油减少到规定值以下时,热敏电阻元件露出油面,散热慢、温度较高、电阻值较小,因此电路中电流增大,警告灯亮。

2. 声音报警

(1)倒车开关与倒车蜂鸣器 汽车倒车时,为了警告车后的行人和车辆驾驶人,在汽车的后部常装有倒车灯、倒车蜂鸣器或语音倒车报警装置,它们都由装在变速器盖上的倒车开关自动控制。倒车开关的结构如图 5-20 所示,当把变速杆拨到倒档时,由于倒车开关中的钢球被松开,在弹簧的作用下,触点闭合,于是倒车灯、倒车蜂鸣器或语音倒车报警器便与电源接通,使倒车灯发出闪烁信号,蜂鸣器发出断续鸣叫声,语音倒车报警器发出"倒车,请注意"的提示音。倒车蜂鸣器是一种间歇发声的音响装置,其发声部分装用的是一只功率较小的电喇叭,控制电路是一个由无稳态电路和反相器组成的开关电路。

(2)座椅安全带报警系统 当接通点火开关而没有扣紧座椅安全带时,座椅安全带报警系统蜂鸣器发出报警声响并点亮警告灯约 8s。座椅安全带扣环开关是一端搭铁的常闭式

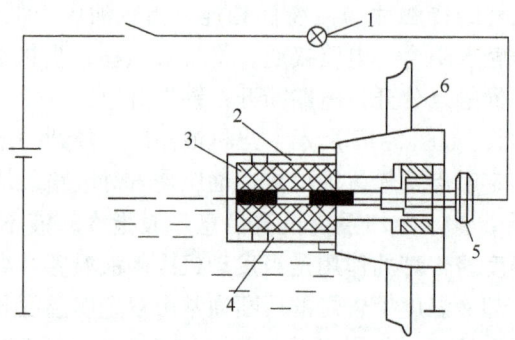

图 5-19 燃油油位警告灯电路

1—警告灯 2—外壳 3—金属网 4—热敏电阻元件 5—接线柱 6—油箱外壳

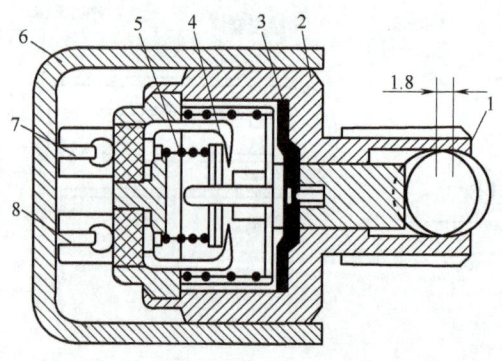

图 5-20 倒车开关

1—钢球 2—壳体 3—膜片 4—触点 5—弹簧 6—保护罩 7、8—导线

开关，如图 5-21 所示。当座椅安全带被扣紧时，开关才张开，蓄电池电压随点火钥匙置于点火位时加至定时器，如果此时安全带未扣好，电路便通过常闭开关搭铁，接通蜂鸣器及警告灯电路。如果在安全带扣好的状态下接通点火开关，来自蓄电池的电流便通过加热器使得双金属带发热，达到一定程度后，使触点张开从而切断电路。

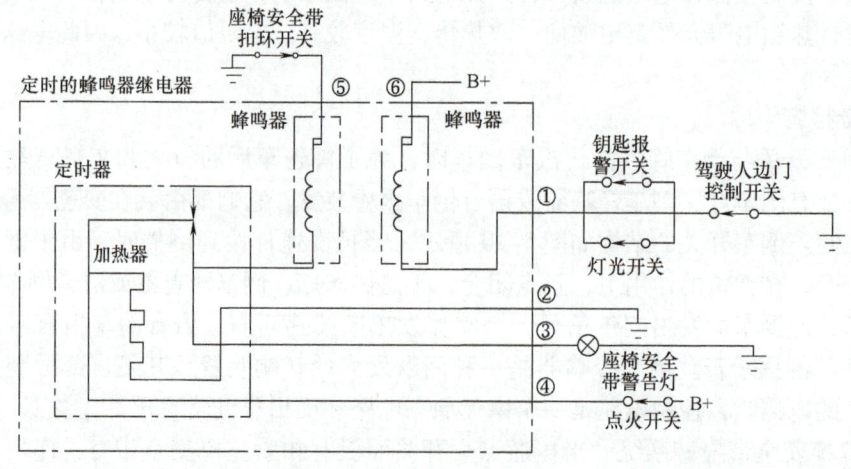

图 5-21 座椅安全带报警及前照灯未关及点火钥匙未拔报警系统

任务实施

1. 任务准备（见表5-5）

表5-5 任务准备

维修资料	捷达轿车维修手册
所需设备	捷达轿车整车
所需工具	座椅套、方向盘套、变速杆套、脚垫、翼子板布、常用工具

2. 完成下列各项任务

（1）老款捷达轿车仪表盘认识 根据图5-22所示，写出老款捷达轿车仪表盘上报警装置都有哪些：

图5-22 老款捷达轿车仪表盘

1 _____ 2 _____ 3 _____
4 _____ 5 _____ 6 _____

（2）新款捷达轿车仪表盘认识 根据图5-23所示，写出新款捷达轿车仪表盘上报警装置都有哪些：

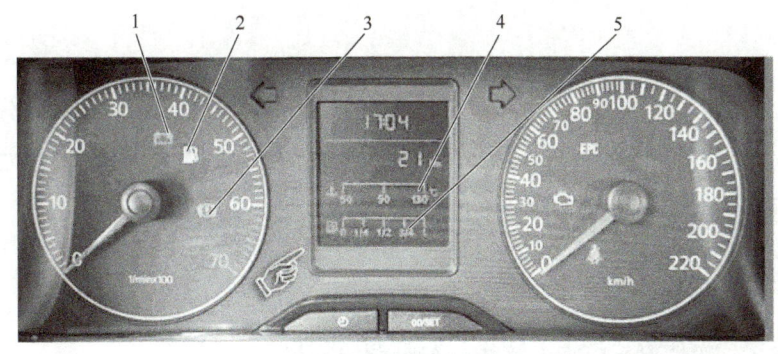

图5-23 新款捷达轿车仪表盘

1 _____ 2 _____ 3 _____
4 _____ 5 _____

评价总结

1. 小组评价（见表5-6，50分）

表5-6 小组评价表

操作项目	考核内容	评分标准	配分	扣分	得分
考前准备	作业服着装整齐，防护齐备 一次性备齐所需工具	根据情况酌情扣分	5分		
操作步骤	1. 车辆或元件安全防护 2. 确认故障现象 3. 故障检测流程符合工艺规范 4. 检测设备及工具使用正确 5. 记录检测结果并进行分析	某项未做不给分 操作方法不当扣2分	25分		
文明操作	操作有序、规范	根据情况酌情扣分	5分		
安全操作	无机具、人身事故	根据情况酌情扣分	10分		
7S管理	整理工具、清洁场地	根据情况酌情扣分	5分		

2. 教师总体评价（50分）

得分：_____

项目习题

一、判断题

1. 电流表应与铅蓄电池并联。　　　　　　　　　　　　　　　　　　　　（　　）
2. 燃油表在一般情况下应将上接线柱与电源线相接。　　　　　　　　　　（　　）
3. 燃油表指针指在"1/2"时，表示油箱无油。　　　　　　　　　　　　　（　　）
4. 当机油压力低于6～10kPa时，机油压力警告灯亮。　　　　　　　　　（　　）
5. 车速表不是随车速变化而平稳地摆动。　　　　　　　　　　　　　　　（　　）
6. 动机低速运转时，油压表指示值应小于15kPa。　　　　　　　　　　　（　　）
7. 里程表的计数器数码是随着里程的积累而增加。　　　　　　　　　　　（　　）

二、选择题

1. 下列哪种形式不是常用的机油压力表? (　　)
   A. 双金属片式　　B. 电磁式　　C. 动磁式　　D. 膜片式
2. 应用比较广泛的机油压力表是 (　　)。
   A. 双金属片式　　B. 电磁式　　C. 动磁式　　D. 不确定
3. 冷却液温度传感器是装在发动机的 (　　)。
   A. 节温器上　　B. 主油道上　　C. 水套中　　D. 散热器上
4. 热敏电阻式冷却液温度传感器多用的是 (　　)。
   A. 正温度系数热敏电阻　　　　B. 负温度系数热敏电阻
   C. 临界温度热敏电阻　　　　　D. 普通电阻
5. 电流表 (　　) 在蓄电池充电电路中。
   A. 并联　　B. 串联　　C. 串并联　　D. 与传感器串联后并联
6. 当发动机机油压力低于 (　　) kPa 时,机油压力报警灯即亮。
   A. 50～90　　B. 100～150　　C. 150～190　　D. 190～220
7. 燃油量报警开关采用的是 (　　) 式报警开关。
   A. 膜片式　　B. 触点式　　C. 热敏电阻式　　D. 舌簧开关式
8. 发动机冷却液温度警告灯的颜色是 (　　)。
   A. 白色　　B. 黄色　　C. 橙色　　D. 红色
9. 下面符号的含义是 (　　) 警告灯。

   A. 驻车制动　　B. 制动系统故障　　C. 制动蹄磨损　　D. ABS 故障
10. 下面符号的含义是 (　　) 警告灯。

   A. 驻车制动　　　　　　　　B. 燃油量过低报警
   C. 发动机故障　　　　　　　D. ABS 故障

三、简答题

1. 简述电流表、电压表的作用及分类。
2. 简述机油压力表的作用。
3. 汽车常见的报警装置有哪些? 各有什么作用?
4. 汽车声音报警装置都有哪些?
5. 简述燃油表的工作原理。

项目六

汽车空调系统检修

项目描述

该项目主要是让学生掌握汽车空调系统的基本知识，了解汽车空调系统的工作原理及制冷剂形态的变化，能够独立完成捷达轿车制冷剂的加注，会分析汽车空调控制电路，通过分析电路能够排除故障。

任务一 汽车空调系统的认知

任务目标

1. 能正确指出空调各部件在汽车上的位置。
2. 能够掌握空调系统各主要部件的工作原理。
3. 熟悉汽车空调系统的使用方法。

任务描述

汽车空调系统是根据驾驶员和乘客的需要对车内的空气进行调节，使温度、湿度、空气清洁度、车内空气流通速度能够满足人体舒适的需要。

知识储备

1. 汽车空调系统功能

汽车空调系统主要包括制冷系统、加热系统、通风系统、空气净化系统和控制系统。

（1）制冷系统　制冷系统采用蒸气压缩式的制冷方式，对车内的空气进行冷却。作为冷源的蒸发器，其温度低于空气露点温度。因此，制冷系统还具有除湿和净化空气的作用。

（2）加热系统　加热系统通过把发动机的冷却液引入加热器，利用鼓风机对空气进行加热，还可以对前风窗玻璃除霜。

（3）通风系统　通风系统包括鼓风机、风道、风门和出风口等，风门把车外的新鲜空气引入车内，通过排风口把车内的污浊空气排出车外。

（4）空气净化系统　空气净化系统一般由空气过滤器、排风口、电气集尘器和阴离子发生器等组成。

（5）控制系统　控制系统一般由电气系统、真空系统和操纵装置组成，对制冷系统和加热系统进行控制的同时，对车内的空气温度、风量、流量进行操纵，以保证空调系统正常工作。

2. 汽车空调系统应满足的要求

由于汽车空调系统自身的特点，汽车空调应比一般空调具有更高的技术性能和工作可靠性。具体要求如下：

1）汽车空调系统应保证在任何条件下，车厢内部都具有舒适的温度范围和气流平均速度。

2）汽车空调系统的控制机构和操纵机构要灵活、方便、可靠。

3）汽车空调系统的零部件要求可靠、体积小、质量轻、安装维修方便。

4）汽车空调系统应具有快速制冷和快速采暖的能力。

5）汽车空调系统冷气装置工作时，对汽车的动力性和经济性的影响应尽量小。

6）汽车空调系统在汽车上的结构布局应紧凑、合理，零部件安装要有防振措施，保证汽车空调在剧烈、颠簸、振动条件下仍能可靠工作。

3. 汽车空调制冷系统的工作原理

制冷循环是由压缩、冷凝、膨胀和蒸发四个过程组成，如图6-1所示。

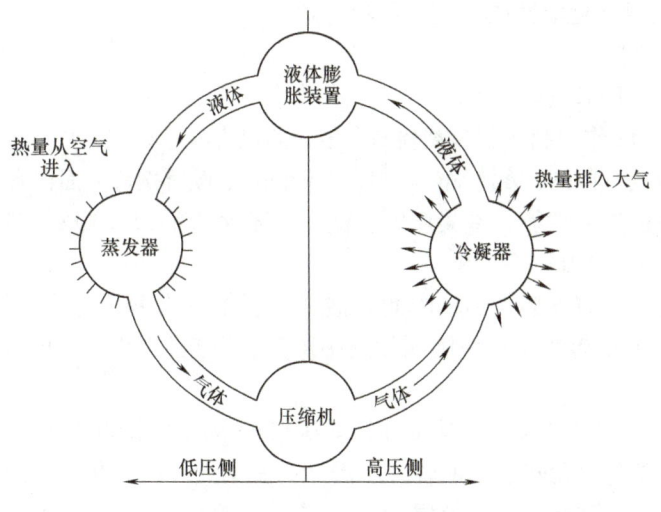

图6-1　制冷循环图

（1）压缩过程　压缩机吸入蒸发器出口处低温低压的制冷剂气体，将其压缩成高温高压的气体，然后送入冷凝器。此过程的主要作用是压缩增压，以便气体易于液化。压缩过程中，制冷剂状态不发生变化，而温度达到70~80℃、压力约为1500kPa，形成高温高压气体。

（2）冷凝过程　高温高压的气态制冷剂进入冷凝器，与大气进行热交换。随着制冷剂压力及温度的降低，制冷剂气体冷凝成液体，并放出大量的热，此过程作用是排热、冷凝。该过程的特点是制冷剂的状态发生变化，即在压力约为 1500kPa、温度为 50～60℃ 的情况下，由气态逐渐向液态转变。冷凝后的制冷剂液体是高压中温液体。制冷剂液体过冷，过冷度越大，在蒸发过程中其蒸发吸热的能力也就越大，制冷效果就越好，即产冷量相应增加。

（3）膨胀过程　高压中温制冷剂液体经膨胀阀节流降温降压，以雾状（细小液滴）排出膨胀装置。该过程的作用是使制冷剂降温降压，由高压中温液体，迅速地变成低压约为 150kPa，低温约为 -5℃ 的液体，以利于吸热、控制制冷能力以及维持制冷系统的正常运行。

（4）蒸发过程　经膨胀阀降温降压后的雾状制冷剂液体进入蒸发器，此时制冷剂沸点远低于蒸发器内温度，所以制冷剂液体在蒸发器内蒸发、沸腾成气体。在蒸发过程中大量吸收周围的热量，降低车内温度。然后，低温低压的制冷剂气体流出蒸发器等待压缩机再次吸入。该过程的特点是制冷剂状态由液态变化到气态，此时温度约为 0℃，压力不变，约为 150kPa，即在定压过程中进行这一状态的变化。

上述过程周而复始地进行，便可使轿车内温度达到并维持在给定的状态。

4. 汽车空调制冷剂

（1）制冷剂的工作要求

1）与冷冻机油不起化学反应，不改变机油的特性，实现互溶。

2）不易燃烧、爆炸，无毒、无刺激性，不腐蚀金属及橡胶元件。

3）蒸发温度低，在蒸发器内易蒸发。蒸发压力应稍高于外界大气压力，防止产生负压，吸进空气，降低制冷能力。

4）冷凝压力不应过高，可降低对制冷设备及管理的压力要求，减少压缩机的功率损耗。

5）制冷剂在高温下化学性质稳定，不易分解。

（2）制冷剂的种类

1）制冷剂氟利昂 R-12（CF_2CL_2）。　氟利昂学名二氟二氯甲烷，简称 R-12。原有的轿车空调系统基本上都以 R-12 作为制冷剂。氟利昂有很好的热力学、物理、化学、安全性质，被广泛用于制冷空调行业作为制冷剂、发泡隔热材料，在清洗剂、喷雾剂等方面也有广泛用途。

R-12 具有较好的热力性能，冷凝压力较低，一般为 0.8～1.2MPa，在轿车空调系统中，冷凝压力可达到 1～1.5MPa。

R-12 对大气臭氧层有破坏作用，因此它被蒙特利尔议定书列为第一批禁用物质。发达国家从 1996 年 1 月 1 日起禁用；我国属发展中国家，可延长 10 年，即到 2006 年完全禁止使用 R-12。

2）制冷剂四氟乙烷 R-134a（CH_2FCF_3）。R-134a 的主要特点如下：

① 安全性好，无色、无味、不燃烧、不爆炸，基本无毒性，化学性质稳定，无腐蚀性。

② 不含氯原子，不破坏大气臭氧层。

③ 饱和压力与 R-12 接近，在 18℃ 左右两者具有相同的饱和压力值。

R-134a 的热物性及制冷循环特性如下：

① R-134a 单位质量的蒸发潜热比 R-12 大。但 R134a 的分子量比 R-12 小，因而单位体积的蒸发潜热却变得与 R-12 相同，加上在相同温度工况下，R134a 的流量小（吸入量小），

因而 R-134a 的制冷系数与 R-12 相同或略小。杜邦公司的试验表明，在轿车空调系统中，R-134a 的能量效率比 R-12 低 6% 左右，制冷能力比 R-12 低 12% 左右。但制冷装置不同，此数值略有差异。

② 在相同的制冷剂质量流量下，蒸发时，R-134a 的传热系数比 R-12 的提高 35%~45%；冷凝时，R-134a 的放热系数比 R-12 的高 25%~35%。

③ 在冷凝温度为 48.9℃，蒸发温度为 4.4~28.9℃下，理论计算 R-134a 的制冷系数比 R-12 低 3%~4%。

④ 当冷凝温度为 55℃时，R-134a 的饱和蒸汽压力比 R-12 大 8% 左右，工作压力比 R-12 高 10%。

与润滑油的相溶性：R-12 中的氯元素能在压缩机摩擦副之间生成一层润滑性好的氯化物薄层，而且与矿物油完全相溶。

(3) 冷冻机油　冷冻机油是空调压缩机使用的润滑油，一般称为冷冻润滑油，它是可以在高、低温工况下正常使用的特殊润滑油，可以起到润滑、冷却、密封的作用，还可以进一步降低空调压缩机的工作噪声。

5. 空调制冷系统

捷达轿车空调制冷系统主要由压缩机、冷凝器、储液干燥器、膨胀阀、蒸发器以及连接导管组成。常用制冷剂有两种，分别是氟利昂 R-12（CF_2CL_2）和四氟乙烷 R-134a（CH_2FCF_3），现在普遍使用的是后一种。

(1) 压缩机　压缩机有摆盘式和变容量摆盘式两种类型。

1) 摆盘式压缩机。如图 6-2 所示，各气缸均以压缩机的轴线为中心，均匀分布，连杆联接活塞和摇板，两端采用球形万向联轴器，使摆盘的摆动和活塞移动相协调而不发生干涉。摇板中心用钢球作支承中心，并用一对固定的圆锥齿轮限制摆盘只能摇动而不能转动。主轴和楔形传动板连接在一起。

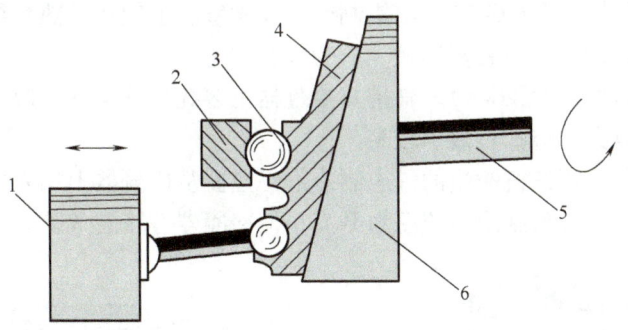

图 6-2　摆盘式压缩机
1—活塞　2—压块　3—钢球　4—摇板　5—主轴　6—楔形传动板

压缩机工作时，主轴带动楔形传动板一起旋转。由于楔形传动板的转动，迫使摆盘以钢球为中心，进行左右摇摆移动。摆盘和传动板之间的摩擦力，使摆盘具有转动的趋势，但是这种趋势被一对圆锥齿轮所限制，使得摆盘只能左右移动，并带动活塞在气缸内作往复运动。

该类压缩机与曲轴连杆式一样，均有进、排气阀片，工作循环也具有压缩、排气、膨胀、吸气四个过程。当活塞向右运动时，该气缸处于膨胀、吸气两个过程，而摆盘另一端的活塞作反向的向左运动，使该气缸处于压缩、排气两个过程。主轴每转动一周，一个气缸便要完成上述的压缩、排气、膨胀、吸气的一个循环。捷达轿车空调压缩机的摆盘配有七个活塞，这样相应的七个气缸在主轴转动一周时，就有七次排气过程。

2）变容量摆盘式压缩机。与普通摆盘压缩机相比，变容量摆盘压缩机的最大改进是在后端盖装上了一个波纹管控制器和导向器。波纹管放在吸气腔内，受蒸汽气压控制，通过波纹管的动作来控制排气腔和摆盘室、吸气腔和摆盘室之间的阀门通道。导向器根据摆盘室内压力的大小，自动调节摆盘的倾斜角度的大小。摆盘倾角越大，活塞行程越长，排出的气体亦越多；反之，摆盘倾角越小，活塞行程越短，排气量亦越少，这样制冷量少，耗能也少。

当发动机转速降低时，蒸发器出来的蒸汽气压较高，使波纹管压缩。当压力大于 0.35MPa 时，控制阀开启低压通道、关闭高压通道，这时摆盘室的蒸汽进入低压腔，使摆盘室内气压变小，活塞压缩时，两端的压差变大，导向器自动地调节增大摆盘倾角来平衡活塞上增大的力矩，活塞行程变长、排气量增多，蒸发器压力也增高。这样活塞两端的压差使压缩机满负荷输出压缩蒸汽，制冷量最大。

当发动机高转速时，吸气腔的压力降低。当下降至 0.3MPa 时，控制阀打开高压通道，关闭低压通道，高压蒸汽进入摆盘室，使活塞压缩时两端的压差变小，导向器自动调节减小摆盘倾角。这样活塞行程缩短，排气量减小，耗能减小。

变容量摆盘式压缩机可以在吸气压力 0.30～0.35MPa 之间连续无级调节其输气量，从而实现了压缩机的制冷量、功耗与空调在不同工况下的合理匹配，极大限度地改善了轿车空调的舒适性，并降低了能耗。

（2）冷凝器　冷凝器是一种热交换器，其作用是将压缩机排出的高温、高压气体制冷剂的热量吸收并散发到车外空气中，用冷凝风扇强制循环车外空气进行冷却，使气态制冷剂变为中温、高压的液态制冷剂。

轿车常用的冷凝器有管片式和管带式，捷达轿车所用的冷凝器是管带式。

1）管片式冷凝器（见图6-3）。由铝制或铜质圆管套上铝质散热片组成。片与管组装后经胀管处理，使散热片与圆管紧密接触，成为冷凝器总成。

2）管带式冷凝器（见图6-4）。管带式冷凝器由多孔扁管与 S 形散热片焊接而成。这种散热器加工工艺较复杂，但散热效率较高。

冷凝器安装时，从压缩机输出的气态制冷剂一定要从冷凝器上端入口进入，从冷凝器下端入口输出。若装错会导致制冷系统压力升高，使冷凝器有胀裂危险。

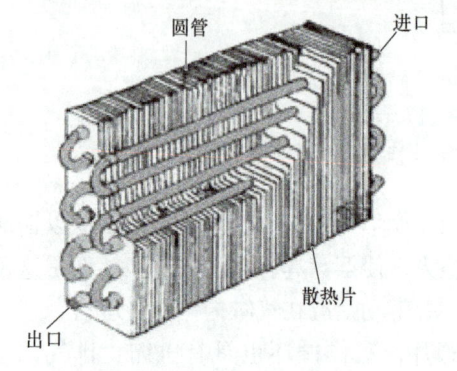

图6-3　管片式冷凝器

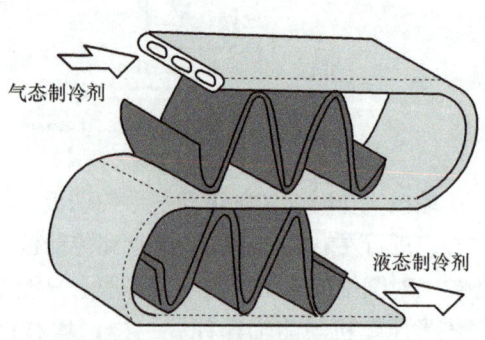

图6-4　管带式冷凝器

（3）储液干燥器 储液干燥器用于膨胀阀式空调系统，安装在冷凝器出口与膨胀阀入口之间。储液干燥器的作用一是储存液态制冷剂，二是除去系统中的水分和过滤杂质。若系统内有水分，易在膨胀阀处形成冰结晶，阻止制冷剂的流动。

储液干燥器相当于膨胀阀的"蓄水池"，由于每次制冷循环的条件不同，如蒸发器有不同的热负荷、压缩机的转速不同等，每次泵进循环的制冷剂量也不同。为了补偿这种波动，在制冷环路中增加了储液器，使制冷剂充足平稳地流向膨胀阀。

储液干燥器有粗滤器、干燥剂和制冷剂，如图6-5所示。有一些储液干燥器上还有目镜，通过目镜可以观察循环管路内制冷剂的流动状况，判断制冷剂是否缺少。捷达轿车的储液干燥器上没有目镜。

（4）膨胀阀 膨胀阀是空调系统的节流装置。其作用是：截流降压，向蒸发器内喷洒雾状制冷剂，使制冷剂压力下降；吸收蒸发器周围空气的热量；并且能够根据制冷负荷自动调节进入蒸发器制冷剂的流量。

膨胀阀类型有内平衡式、外平衡式、H型，捷达轿车使用的是H型膨胀阀。

1）内平衡式膨胀阀（见图6-6a）。当蒸发器出口温度增加，感温包内和毛细管内的气体膨胀，推动膜片向下移动，球阀克服弹簧阻力，打开阀门，制冷剂流量增加。

当蒸发器进口温度降低，感温包内和毛细管内的气体压力降低，弹簧推动球阀和膜片向上移动，阀门关小，制冷剂流量减少。

2）外平衡式膨胀阀（见图6-6b）。这种膨胀阀将蒸发器出口处的制冷剂传往膜片下腔，这个地方靠近感温包，阀门的开启度更容易通过空吸作用和压缩机转速的变化进行精确调节。

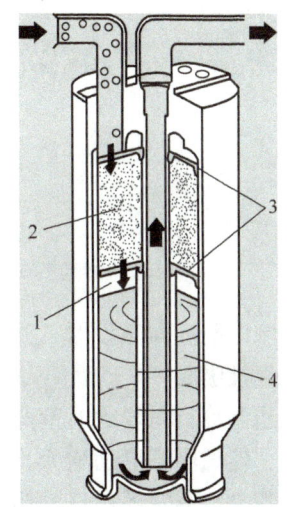

图6-5 储液干燥器
1—气态制冷剂 2—干燥剂
3—粗滤器 4—液态制冷剂

该膨胀阀的工作过程与内平衡式膨胀阀的工作过程一样，不再叙述。

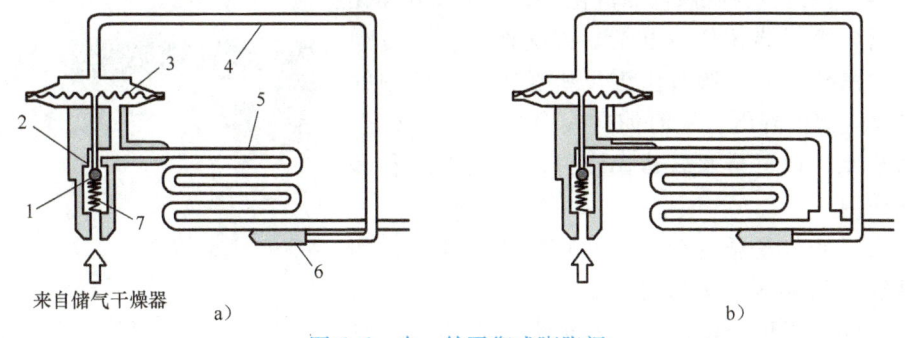

图6-6 内、外平衡式膨胀阀
a）内平衡式 b）外平衡式
1—球阀 2—针孔 3—膜片 4—毛细管 5—蒸发器 6—感温包 7—弹簧

3）H型热力膨胀阀。前面所述的热力膨胀阀因其形状像英文字母F而简称为F型膨胀阀，而H型膨胀阀则因其通道像字母H而得名。

H型膨胀阀是一种整体型膨胀阀，又称块阀。H型膨胀阀的工作过程与外平衡式热力膨胀阀相同。具体工作过程如图6-7中的箭头所示。

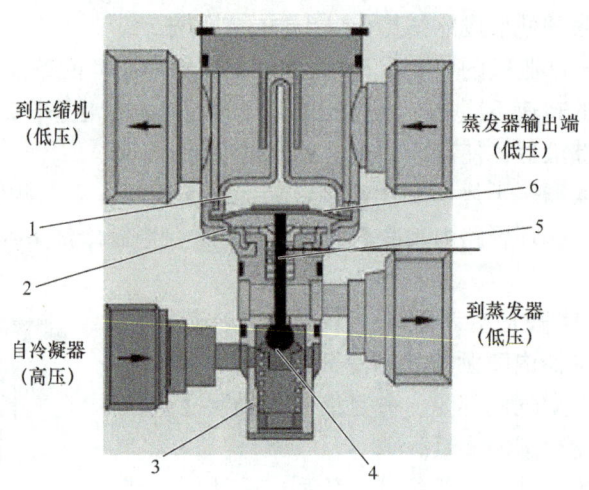

图6-7　膨胀阀

1—充有特殊气体的感温头　2—压力补偿孔　3—调节弹簧　4—球阀　5—推杆　6—膜片

制冷剂流向蒸发器，并在由高压转变为低压时吸收热量。当空气流经蒸发器时，空气中的热量被吸收。

当制冷负荷增大，使蒸发器输出端温度上升，导致感温头内气体压力增加。膜片和推杆动作，使球阀截断面增大，制冷剂流量增加。

当来自蒸发器出口的制冷剂温度下降时，感温头内气体压力减小。因此，球阀截断面及流向蒸发器的制冷剂流量减小。

整体式膨胀阀取消了外平衡式普通膨胀阀的外管和感温包，使其直接与蒸发器进出口相连，简化了连接接头，演变成目前常见的块阀结构。

（5）蒸发器　蒸发器安装位置在空调分配箱内，其作用：一是由膨胀阀出来的制冷剂进入蒸发器，在这里吸收热量而汽化；二是干燥和净化空气。

蒸发器与冷凝器相似，也是一种交换器。制冷剂在蒸发器内汽化蒸发时吸收由鼓风机送来的空气中的热量，使空气温度降低；同时使空气中的水蒸气液化，使之冷凝成水，通过排水管排出车外，起到干燥和净化空气的作用。

目前采用的蒸发器有管片式和管带式。管片式和管带式蒸发器的基本结构与管片式及管带式冷凝器的基本结构相同，不再介绍。捷达轿车空调系统的蒸发器采用的是管片式。

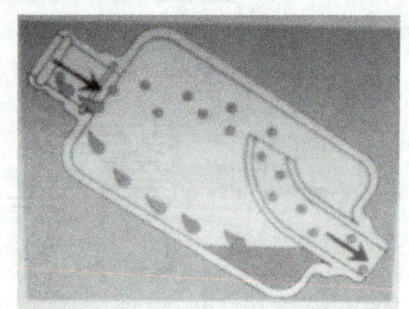

图6-8　制冷剂收集器

（6）制冷剂收集器（见图6-8）　制冷剂收集器的作用是保证压缩机吸入的制冷剂处于气体状态，若吸入液态制冷剂可能损坏压缩机。制冷剂收集器装于连接膨胀阀及压缩机的低压管内。

6. 空调加热系统

（1）工作原理　热水取暖式的空调加热系统的热源通常采用发动机的冷却液，使冷却液流过一个加热器芯，再使用鼓风机将冷空气吹过加热器芯加热空气，使车内的温度升高，如图6-9所示。

图6-9　热水取暖式的空调加热系统
1—鼓风机　2—加热器芯　3—发动机冷却液

（2）组成和部件的安装位置　空调加热系统主要由加热器芯、水阀、鼓风机和控制面板等组成。

1）加热器芯。加热器芯的结构如图6-10所示，由水管和散热器片组成，发动机的冷却液进入加热器芯的水管，通过散热器片散热后，再返回发动机的冷却系统。

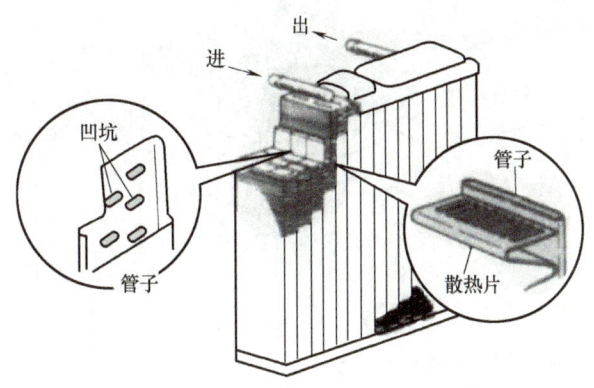

图6-10　加热器芯

2）水阀。水阀用来控制进入加热器芯的水量，进而调节暖风系统的加热量。调节时，可通过控制面板上的调节杆或旋钮进行控制。其结构如图6-11所示。

3）鼓风机。鼓风机由可调节速度的直流电动机和鼠笼式风扇组成，其作用是将空气吹

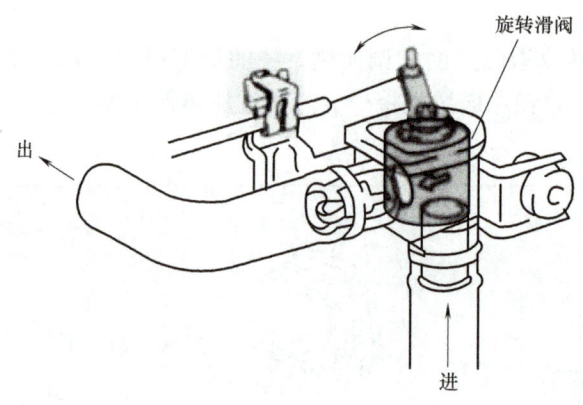

图 6-11 水阀

过加热器芯加热后送入车内。通过调节电动机的速度，可以调节向车厢内的送风量。

7. 通风系统

通风系统包括鼓风机、风道、风门和出风口等，风门把车外的新鲜空气引入车内，通过排风口把车内的污浊空气排出车外。

8. 空气净化系统

空气净化系统可以除去车内空气中的灰尘，保持车内空气清洁，部分车辆的空气净化系统还具备去除异味、杀灭细菌的作用，使车内的空气更加清新。捷达轿车的空气净化系统所采用的方法是在空调系统的进气系统中安装空气滤清器（见图6-12），通过空气滤清器滤除空气中的尘埃，使车内的空气保持清洁。

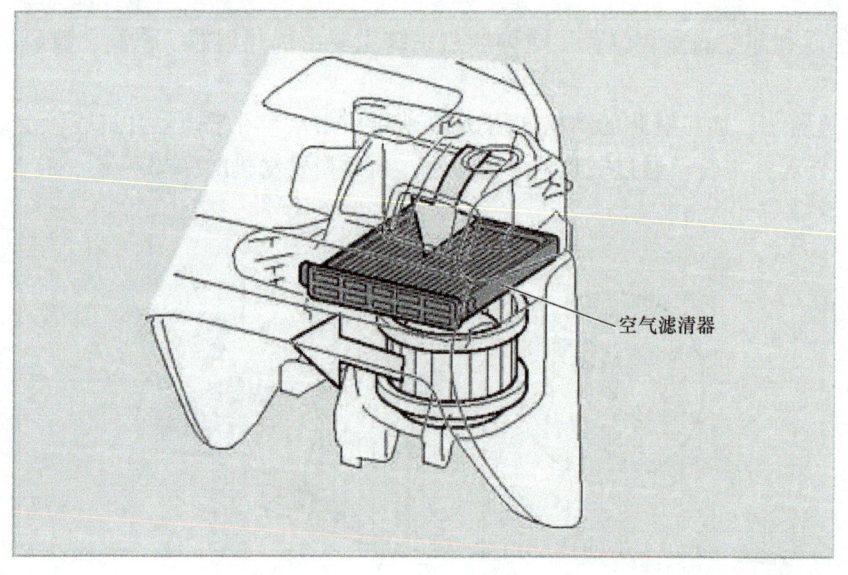

图 6-12 空气滤清器

9. 控制系统

控制系统的功能是保证空调制冷系统正常运转，同时也要保证空调系统工作时发动机的正常运转。控制系统主要是通过控制压缩机电磁离合器的接合与分离实现温度控制与系统保

项目六 汽车空调系统检修

护,通过对鼓风机的转速控制调节制冷负荷。

评价总结

1. 小组评价(见表6-1,50分)

表6-1 小组评价表

操作项目	考核内容	评分标准	配分	扣分	得分
考前准备	作业服着装整齐,防护齐备 一次性备齐所需工具	根据情况酌情扣分	5分		
操作步骤	1. 车辆或元件安全防护 2. 确认故障现象 3. 故障检测流程符合工艺规范 4. 检测设备及工具使用正确 5. 记录检测结果并进行分析	某项未做不给分 操作方法不当扣2分	25分		
文明操作	操作有序、规范	根据情况酌情扣分	5分		
安全操作	无机具、人身事故	根据情况酌情扣分	10分		
7S管理	整理工具、清洁场地	根据情况酌情扣分	5分		

2. 教师总体评价(50分)

得分:_____

任务二　空调系统故障的检修

任务目标

1. 能正确检测制冷系统的压力。
2. 能够说出制冷系统的常见故障。
3. 能熟练进行制冷剂的加注。

任务描述

空调系统要保持正常工作，管路内必须有制冷剂循环流动。同时，控制压缩机也要适度工作。因此，空调系统包括制冷系统与控制系统。

知识储备

1. 制冷系统故障

空调系统制冷强度不够或不制冷的主要原因有系统内制冷剂不足、过多、存在水分或管路堵塞，这些故障可以根据空调系统工作的具体现象，结合歧管压力表指示出的高、低压管路的压力值做出准确判断，以下列举出八种情况。

（1）空调系统中有水分　空调系统中进了水分，储液干燥器可以吸收，但水分过多，则会影响空调制冷。具体故障现象为：一是空调系统工作期间，在低压侧压力有时变成真空，有时正常；二是间歇性制冷，最后不制冷。引起这种故障现象的原因是进入系统内的水分在膨胀阀管口结冰，循环暂时停止，蒸发器及其低压管路的制冷剂被压缩机吸入，导致歧管压力表低压或有时真空，当冰融化后，系统又恢复到正常状态。故障排除方法如下：

1）更换储液干燥器。

2）通过反复地抽出空气来清除系统中的水气。

3）注入适量新的制冷剂。

（2）空调系统制冷剂不足　其故障现象：一是歧管压力表高、低压侧的压力值都偏低；二是制冷效能不足。通过歧管压力表指示的压力值，可以判断空调系统内部某些地方发生气体泄漏或空调系统中制冷剂不足。

故障排除方法如下：

1）利用泄漏检测器进行检查，如有必要，修复气体泄漏处。

2）向空调系统内注入适量制冷剂。

（3）空调系统制冷剂循环不良　制冷剂循环不良的主要故障现象：一是歧管压力表的低压和高压侧压力值都偏低；二是从储液干燥器到主机组的管路有结霜现象；三是空调系统制冷不足。这主要是因为在储液干燥器中的污物阻塞了制冷剂的流动。故障排除方法是更换储液干燥器。

（4）空调系统制冷剂不循环　其故障现象：一是歧管压力表在低压侧指示真空，而在高压侧指示压力值太低；二是空调系统膨胀阀或储液干燥器前后的管子上有露水或结霜现象；三是空调系统不制冷或间歇制冷。故障原因：一是空调系统内有水分或污物阻塞制冷剂的流动；二是空调系统膨胀阀热传感管气体泄漏而阻塞制冷剂的流动。

故障排除方法如下：

1）检查膨胀阀热传感器和蒸发器。

2）用压缩空气清除膨胀阀内污物，若不能清除则更换膨胀阀。

3）更换储液干燥器。

4）空调系统抽真空，并注入适量制冷剂。

（5）空调系统制冷剂过多或冷凝器散热不良　其故障现象：一是歧管压力表在低压和高压侧压力值都太高；二是空调系统制冷不足。故障原因：一是空调系统中制冷剂过量，不能充分发挥制冷效能；二是冷凝器散热不良。

故障排除方法如下：

1）清洁冷凝器。

2）检查风扇电动机的运转情况。

3）检查空调系统内制冷剂润滑油油量。

4）检查制冷剂数量，注入适量的制冷剂。

（6）空调系统中有空气　其故障现象：一是歧管压力表在低压和高压侧压力值都太高；二是用手触摸低压管路，感觉管路是热的；三是空调系统制冷不佳。故障原因是空调制冷系统中有空气。

故障排除方法如下：

1）检查压缩机油是否变脏或不足。

2）排出空气并充入新的制冷剂。

（7）空调系统膨胀阀安装不正确　其故障现象：一是歧管压力表在低压和高压侧压力值太高；二是在低压侧的管路结霜或有大量的露水；三是空调系统制冷不足。故障原因是膨胀阀故障。故障排除方法是检查膨胀阀，若有故障更换。

（8）空调系统压缩机压缩故障　其故障现象：一是歧管压力表低压侧压力值太高，而高压侧压力值太低；二是空调系统不制冷。故障原因是压缩机内部密封不良。故障排除方法为修理或更换压缩机。

根据以上八种情况，运用比较法，可以快速地对空调系统的制冷循环故障做出判断，方便空调系统的维修。在实践过程中，维修人员根据空调系统的故障现象，与上述八种状况进行比较，可以快速确定故障原因，以对空调系统进行维修。

2. 控制系统

控制系统主要有以下部件。

（1）电磁离合器

1）电磁离合器的作用。空调压缩机是通过电磁离合器和传动带与发动机主轴发生联系的。压缩机的停、开都是由电磁离合器的吸合与释放决定的，因此电磁离合器是空调自动控制系统中的执行部件。

2）电磁离合器的结构。电磁离合器的分解图如图6-13所示，其主要由前板、传动带盘（转子）及电磁线圈组成。前板主要由吸铁（离合器片）、回位弹性体、轴套（带键槽）和平衡板等部件组成。

吸铁的作用为：电磁离合器是通过把电磁线圈产生的吸合或释放作用传递给压缩机，吸铁与带轮吸合时，使压缩机与带轮一起转动。

回位弹性体有两类，一类是橡胶件，另一类是片簧。它们的作用是当电磁线圈不通电、电磁吸力消失时，让吸铁与带轮迅速分开，以免两个贴合平面因分离不及时产生相对位移而摩擦烧坏。

轴套上有键槽与压缩机主轴相连，轴套铆合在平衡板上，又与吸铁通过铆钉联接成一体。平衡板用以平衡压缩机内部产生的不平衡力，同时也作为回位弹性体的一个支承端。

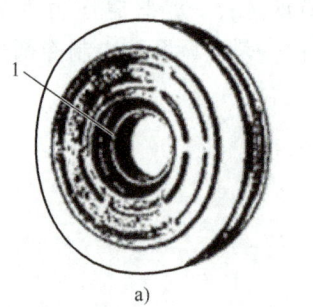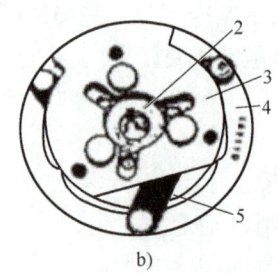

图 6-13 电磁离合器分解图
a) 带轮组件 b) 前板 c) 线圈组件
1—轴承 2—轴套 3—平衡板 4—吸铁 5—回位弹性体

带轮组件由带轮和轴承组成。带轮上有一侧平面是与吸铁相吸合的,此平面与吸铁都冲有许多供磁力线通过的长槽,这些长槽有利于磁场集中,并增加带轮和吸铁这两个吸合面间的吸力。带轮内圈装有平面轴承。带轮有冲压件及铸件两种,带槽有单槽、双槽及齿形带槽三种。捷达轿车采用的是齿形带槽。

线圈组件由线圈外壳、线圈及外接电线组成。

(2) 风机 空调系统的风机有离心式和轴流式两大类。离心式风机用于蒸发器和暖风,是永磁电动机;轴流式风机则用于冷凝器、散热器。风机的电动机有普通永磁式电动机和扁电动机两种。扁电动机轴向尺寸短,有利于轴向布置尺寸紧凑的场合采用。

电动机的绕线有单绕组和多绕组两种,单绕组电动机的变速由外加电阻器实现。多绕组电动机的变速由改变本身接线来实现,无须外加电阻器。不少散热器风机采用多线绕组电动机,如桑塔纳的散热器风机。

轴流式风机的空气流动方向与轴线平行,它的特点是风量大、风压小、噪声较离心式风机大,但耗电量小。捷达轿车的散热器风机采用的是轴流式风机。

离心式风机的空气出口方向与进口呈直角,它的特点是风压较高、噪声较低、风量也较小。

轴流式风机一般由螺旋桨式叶片和电动机组成,有时也将防护罩及安装支架与风机装成一体。叶片有直片式、前弯式和后弯式几种。

离心式风机则由叶轮、涡壳、电动机、安装支架组成。叶轮上的叶片也有直片式、前弯式和后弯式之分,叶片形状不同,所产生的风压也不同。离心式风机的结构如图 6-14 所示。

(3) 冷却液温度传感器 其作用是检测发动机冷却液的温度并转换成电信号传给电子控制单元。除了作为燃油喷射和点火正时控制的修正信号外,当冷却液温度上升到 119℃ 时,为了保护发动机免受高温损伤,系统要切断压缩机,空调系统停止工作。

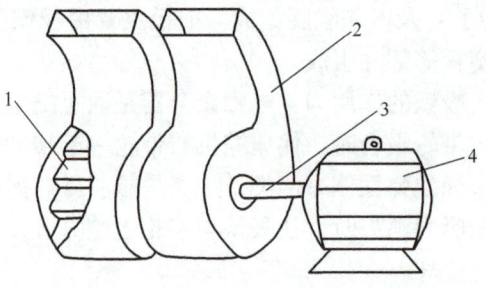

图 6-14 离心式风机结构示意图
1—风机叶片 2—风机壳体 3—风机轴 4—电动机

冷却液温度传感器安装在气缸体水道或冷却液出口处，一般由负温度系数的热敏电阻制成，其特点是阻值随温度的升高而降低。如图 6-15 所示，其工作原理是发动机冷却液的温度变化时，冷却液温度传感器内的热敏电阻随着冷却液温度的增大而减小，使得分压值也随之减小，电子控制单元根据分压来判断冷却液的温度。

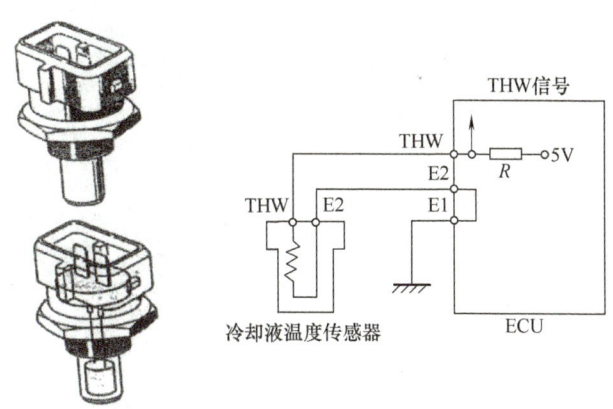

图 6-15　冷却液温度传感器

（4）高低压开关　高低压开关即三功能开关，如图 6-16 所示，三功能是指：

1）当系统压力低于 2bar（1bar = 10^5 Pa）时，开关断开（低压保护，切断压缩机电磁离合器）。

2）当系统压力达到 16bar 时，接通开关的 3、4 端子，使风扇以高速档运转。

3）当系统压力高于 32bar 时，开关断开（高压保护，切断压缩机电磁离合器）。

（5）高低压传感器　高低压传感器安装在空调管路高压侧，替代三功能开关，如图 6-17 所示。该传感器内的微处理器记录制冷剂压力并转化成电信号，不仅仅在临界压力下起作用，而且适应性更强，风扇换档更平顺。

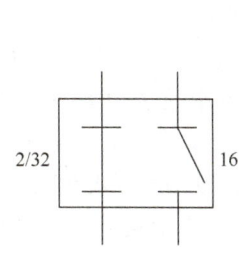

图 6-16　高低压开关

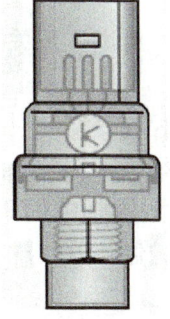

图 6-17　高低压传感器

传感器的感应部件是硅晶体，由于压力的不同，硅晶体的变形也或多或少，这导致了电阻的不同，所以通过微处理器传出的信号脉宽也不同。通过脉宽可以判断出系统的压力大小，同时可以知道空调系统的负荷的大小，如图 6-18 所示。

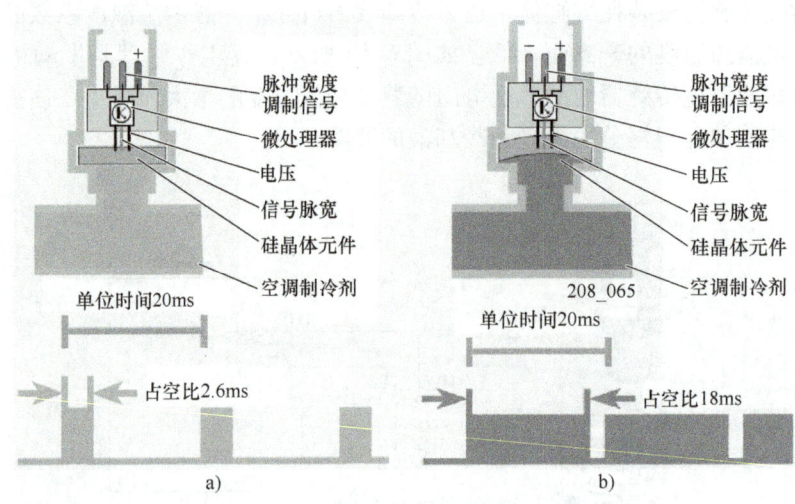

图 6-18 高低压传感器的工作过程
a) 空调系统压力较低 b) 空调系统压力较高

（6）外界温度开关 外界温度开关用来监测外界环境温度，当外界环境温度低于 5℃ 时，切断压缩机，空调系统停止工作。

3. 捷达轿车空调控制系统的工作原理

对汽车空调系统进行故障排除，首先要判断故障出现在空调制冷系统，还是出现在空调控制系统。可使用歧管压力表测量高低压管路制冷剂压力，如果压力很低，表明空调制冷系统存在故障；如果压力正常说明空调控制系统存在故障。空调控制系统电路图如图 6-19 所示。

空调控制系统的工作原理如下：

（1）怠速提升控制 鼓风机开关闭合，空调开关闭合，经过外界温度开关，向发动机控制单元发送一个电信号（12V 电压），发动机控制单元（J361）接收到该电压信号，将发动机转速提高。

（2）鼓风机控制 鼓风机开关闭合到相应档位，鼓风机旋转，其最高档位不经过鼓风机调速电阻。

（3）电磁离合器控制 发动机控制单元（J361）接收到来自空调开关的开启信号后，检查来自高低压传感器（G65）的信号，均正常后，向风扇控制单元（J293）T10y/8 端子输送一搭铁信号，风扇控制单元（J293）T10y/10 端子输出，电磁离合器吸合。

（4）散热器风扇控制 散热器风扇旋转受空调信号和冷却液温度信号控制。

1）空调信号控制。发动机控制单元（J361）接收到来自空调开关的开启信号后，检查来自高低压传感器（G65）的信号，均正常后，向风扇控制单元（J293）T10y/8 端子输送一搭铁信号，风扇控制单元（J293）T4z/2 端子输出，散热器风扇低速档旋转。

风扇高速档控制：空调系统压力超过 16bar 时，高低压传感器（G65）向发动机控制单元（J361）发送信号，发动机控制单元（J361）向风扇控制单元（J293）T10y/6 端子发送一搭铁信号，风扇高速档旋转。

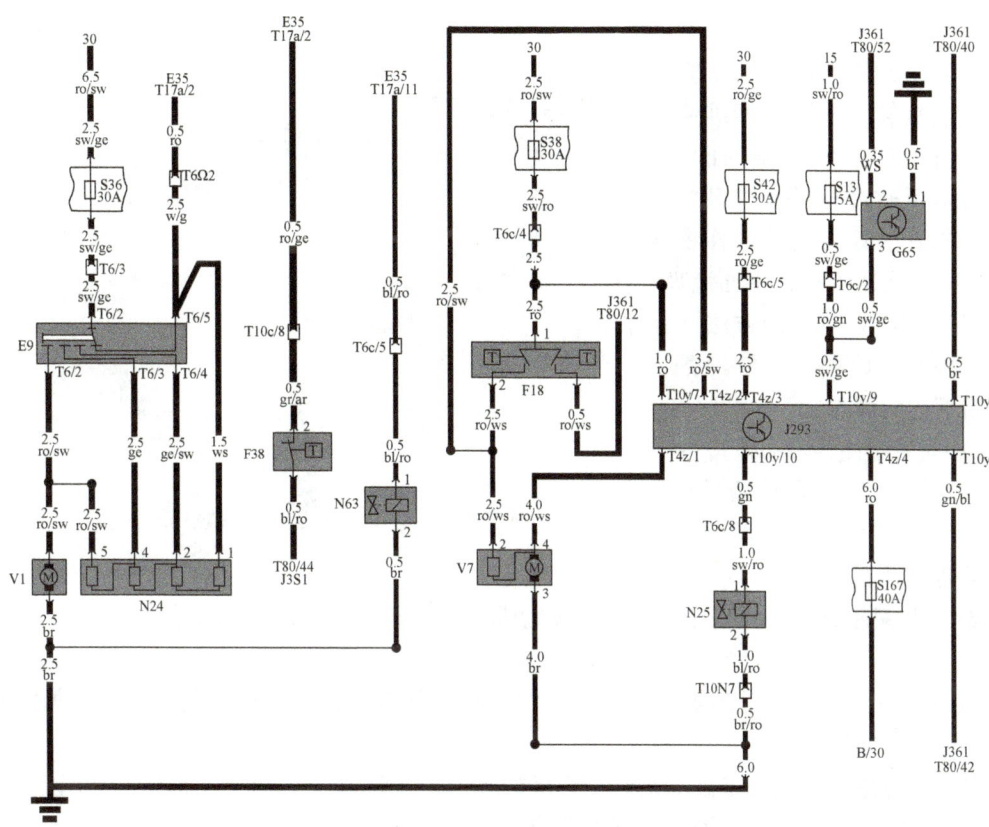

图 6-19 空调控制系统电路图

E9—鼓风机开关　E35—空调控制开关　F38—温度开关　J361—Simos 发动机控制单元　S36—熔丝盒上的熔丝
N24—调速电阻　N63—空调内循环风扇　F18—双温开关　G65—高低压传感器
J293—冷却风扇控制单元　N25—电磁离合器　V7—散热器风扇

2）冷却液温度信号控制。风扇低速档控制：当散热器内冷却液温度达到95℃时，双温开关低温触点闭合，电源从30电源线经38号熔丝、双温开关送到散热器风扇，散热器风扇低速档旋转。

风扇高速档控制：当散热器内冷却液温度达到105℃时，双温开关高温触点闭合，电源从30电源线经38号熔丝、双温开关给发动机控制单元（J361）一信号（12V电压），发动机控制单元（J361）向风扇控制单元T10y/6端子输出一搭铁信号，风扇高速档旋转。

4. 制冷剂的加注

（1）抽真空

1）将歧管压力表中黄色（中间）软管的90°弯头接到真空泵上，将蓝色（低压）软管的90°弯头接到低压管路维修阀口上或压缩机低压维修阀上（标志为S或SUC），将红色（高压）软管接头接到高压管路维修阀口上或压缩机高压维修阀上（标志为D或DIS）。

2）打开歧管压力表，打开高低压手动阀，启动真空泵。

3）抽真空到低压表的负压值高于100kPa（750mmHg）。

4）关闭高低压手动阀，其低压侧表针在10min内不得有明显回升。若无，则可向系统内充注制冷剂；若有，就应向系统内注入少量制冷剂进行查找、检修泄漏点，并重新抽真空,如图6-20所示。

(2) 加注润滑油 卸下真空机侧的黄色软管,根据车辆维修手册要求,用量杯量出所需的润滑油,将中间黄色软管充满润滑油液,再将黄色软管的管头没入量杯中液面以下,打开高压管路,将油液吸入。

(3) 加注制冷剂的方法 在系统抽真空后,即可加注制冷剂,一般采用下述两种方法:

1) 向系统注入液态制冷剂。

① 将压力表黄色软管90°弯头从真空泵上接到倒置于磅秤上的制冷剂钢瓶接口上。

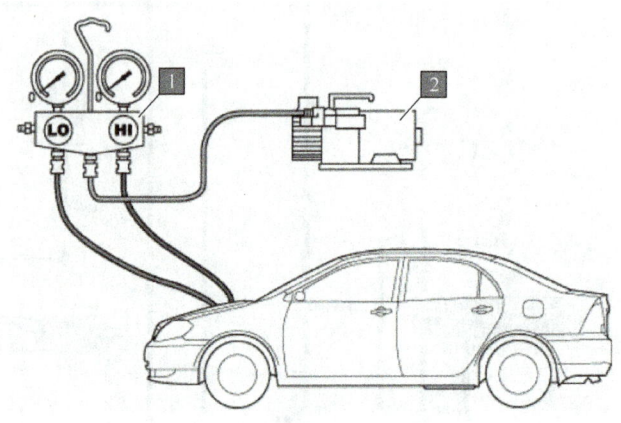

图6-20 制冷系统抽真空
1—歧管压力表　2—真空泵

② 拧开钢瓶阀门,拧松压力表黄色软管螺母,直到有制冷剂气体外泄2~3s,然后拧紧螺母。

③ 拧开压力表高压手动阀,向系统中加入液态制冷剂,直到规定量;若不能加注到规定量,可进行补充。

需注意的是,加注液态制冷剂时,不可拧开低压手动阀(以防产生液击);不能启动空调系统,以防制冷剂倒灌入钢瓶中产生危险。

2) 向系统中注入气态制冷剂。

① 将压力表中黄色软管90°弯头从真空泵上接到正立于磅秤上的制冷剂钢瓶接口上。

② 拧开钢瓶阀门,拧松压力表黄色软管螺母,直到有制冷剂气体外泄2~3s,然后拧紧螺母。

③ 拧开压力表低压手动阀,向系统中加入气态制冷剂。当系统压力高于$2.5kg/cm^2$时,关闭低压阀。

④ 起动发动机,同时启动空调系统且置于最大制冷工况档。

⑤ 再打开低压手动阀,让制冷剂吸入系统,直到规定量。

需注意的是,补充制冷剂时,可用压力表和视液镜观察法来确定制冷剂是否足量。

任务实施

1. 空调制冷系统故障检修

(1) 任务准备 任务所需的资料、设备、工具见表6-2。

表6-2 任务准备

维修资料	捷达轿车(2008款)电路图、维修手册
检测设备	万用表、试灯、歧管压力表
所需工具	世达工具套装5098

（2）完成下列各项任务

1）空调制冷系统实物的结构认知。

根据图6-21所示写出发电机的部件名称

1 _____ 2 _____ 3 _____ 4 _____

5 _____ 6 _____ 7 _____

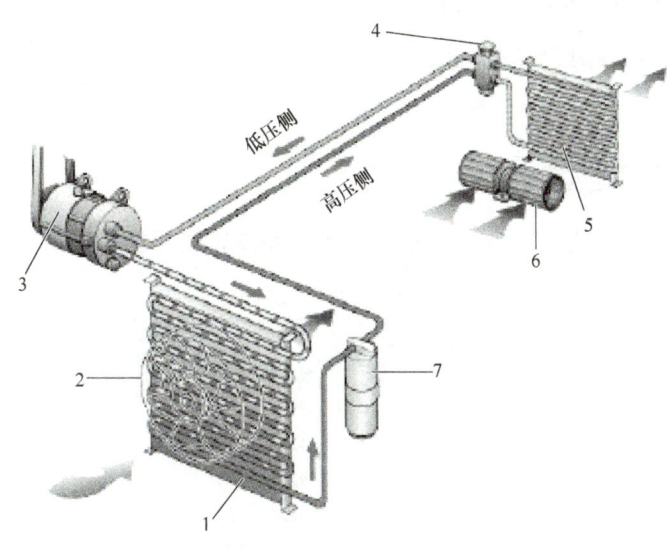

图6-21　空调制冷系统实物

2）制冷系统压力的检测（见图6-22）。

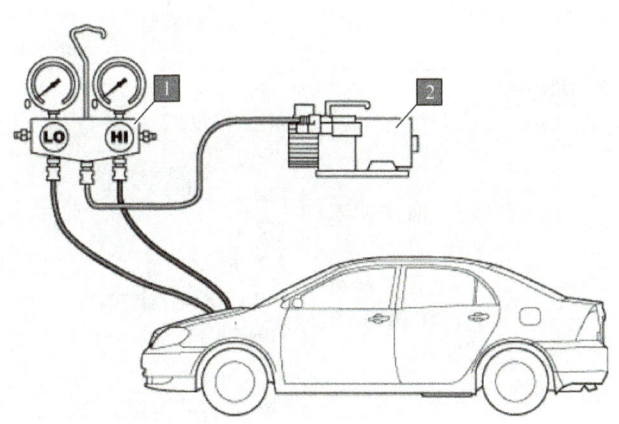

图6-22　制冷系统压力的检测

高压管路压力值：_____

低压管路压力值：_____

系统的状态：　　□正常　　　　□不正常

3）根据捷达轿车的特点，进行制冷剂的加注（实操）。

2. 空调控制系统故障检修

（1）任务准备（材料以捷达轿车为主）　任务所需的资料、设备、工具、备件见表 6-3。

表 6-3　任务准备

维 修 资 料	捷达轿车（2008 款）电路图、维修手册
检 测 设 备	万用表、试灯、T 形测试接线
所 需 工 具	世达工具套装 5098
备　　　件	空调控制器、高低压传感器、空调开关

（2）完成下列各项任务　根据空调控制系统电路图，实车检测完成表 6-4。

表 6-4　实车检测

检测位置	检测节点	检测条件	正常结果	检测结果
空调控制单元（J293）	T4Z/1、T4Z/2、T4Z/3、T4Z/4、T10y/6、T10y/7、T10y/8、T10y/9、T10y/10 端子电位	1. 插接器不断开 2. 起动发动机，空调系统不打开	T4Z/1：0V T4Z/2：0V T4Z/3：12V T4Z/4：12V T10y/6：12V T10y/7：12V T10y/8：12V T10y/9：12V T10y/10：12V	T4Z/1：＿＿＿V T4Z/2：＿＿＿V T4Z/3：＿＿＿V T4Z/4：＿＿＿V T10y/6：＿＿＿V T10y/7：＿＿＿V T10y/8：＿＿＿V T10y/9：＿＿＿V T10y/10：＿＿＿V
		1. 插接器不断开 2. 起动发动机，空调系统开启	T4Z/1：0V T4Z/2：12V T4Z/3：12V T4Z/4：12V T10y/6：12V （0V，风扇高速档旋转） T10y/7：12V T10y/8：0V T10y/9：12V T10y/10：12V	T4Z/1：＿＿＿V T4Z/2：＿＿＿V T4Z/3：＿＿＿V T4Z/4：＿＿＿V T10y/6：＿＿＿V T10y/7：＿＿＿V T10y/8：＿＿＿V T10y/9：＿＿＿V T10y/10：＿＿＿V

控制系统的状态：　□正常　　　□不正常

评价总结

1. 小组评价（见表6-5，50分）

表6-5　小组评价表

操作项目	考核内容	评分标准	配分	扣分	得分
考前准备	作业服着装整齐，防护齐备 一次性备齐所需工具	根据情况 酌情扣分	5分		
操作步骤	1. 车辆或部件的安全防护 2. 确认故障现象 3. 故障检测流程符合工艺规范 4. 检测设备及工具使用正确 5. 记录检测结果并进行分析	某项未做不得分 操作方法不当扣2分	25分		
文明操作	操作有序、规范	根据情况酌情扣分	5分		
安全操作	无机具、人身事故	根据情况酌情扣分	10分		
7S管理	整理工具、清洁场地	根据情况酌情扣分	5分		

2. 教师总体评价（50分）

得分：_____

项目习题

一、判断题

1. 与R-12相比，R-134a虽然具有不同的物理和化学性质，但适用于原来的R-12汽车空调系统。　　　　　　　　　　　　　　　　　　　　　　　　（　　）
2. 汽车空调就是空气制冷的简称。　　　　　　　　　　　　　　　（　　）
3. 冷凝器与蒸发器都是汽车空调系统的热交换装置，但它们的热交换功能不同。（　　）
4. 储液干燥器安装在冷凝器和膨胀阀之间。　　　　　　　　　　　（　　）
5. 储液干燥器不仅具有储液、干燥和过滤功能，还具有节流功能。　（　　）
6. 空调系统在汽车上长坡时突然停止运行，可以判定空调系统出了故障，应送修。（　　）

7. 压缩机电磁离合器不吸合，首先应检查制冷剂的量是否正常。　　　　　（　　）
8. 通过视液镜观察到镜下无气泡，我们可以就此判定空调系统运行良好。（　　）
9. 汽车空调电路设计时都要求：只有在鼓风机工作的前提下压缩机才能开始工作，以防止蒸发器结冰和产生"液击"事故。　　　　　　　　　　　　　（　　）
10. 为了使汽车在怠速时使用空调而不会熄火，应在空调系统中设置怠速提速装置。（　　）

二、选择题

1. 活塞式压缩机在压缩过程中（　　）。
  A. 吸气阀开启，排气阀关闭　　　　　B. 吸气阀关闭，排气阀开启
  C. 吸气阀开启，排气阀开启　　　　　D. 吸气阀关闭，排气阀关闭

2. 在汽车空调系统中，除压缩机外，（　　）是高压与低压的分界线。
  A. 冷凝器　　　　B. 膨胀阀　　　　C. 蒸发器　　　　D. 干燥瓶

3. 汽车空调系统中，将从压缩机出来的高压高温制冷剂冷却为高压液体的装置是（　　）。
  A. 蒸发器　　　　B. 膨胀阀　　　　C. 储液干燥器　　　D. 冷凝器

4. （　　）压缩机结构简单，可靠性好，故障率低，但其制造精度要求高。
  A. 涡旋式　　　　B. 斜盘活塞式　　C. 旋叶式　　　　D. 滚动活塞式

5. 汽车空调系统中可以自动调节压缩机工作状态的装置是（　　）。
  A. 膨胀阀　　　　B. 怠速控制器　　C. 温度控制器　　D. 压力开关

6. 从高压端充注制冷剂时，制冷剂罐（　　）。
  A. 只能正立　　　B. 可以倒立　　　C. 不能正立　　　D. 不能倒立

7. 车辆行驶（　　）km 后应对汽车空调进行首次维护。
  A. 7500　　　　　B. 10000　　　　C. 15000　　　　D. 20000

8. 收集器一般应装在（　　）。
  A. 压缩机和冷凝器之间　　　　　　　B. 冷凝器和膨胀阀之间
  C. 膨胀阀和蒸发器之间　　　　　　　D. 蒸发器和压缩机之间

9. 储液干燥器一般应装在（　　）。
  A. 压缩机和冷凝器之间　　　　　　　B. 冷凝器和膨胀阀之间
  C. 膨胀阀和蒸发器之间　　　　　　　D. 以上都可以

10. 空调系统低压出现真空度，高压侧压力过低，说明管路（　　）。
  A. 有空气　　　　B. 制冷剂不足　　C. 管路有堵塞　　D. 散热不良

三、填空题

1. 活塞式压缩机的工作过程主要包括_____、_____、_____、_____四个过程。
2. 汽车空调制冷系统是由_____、_____、_____、_____、_____等组成，管路分为_____和_____。
3. 汽车空调制冷系统中使用的润滑油一般称为_____，它主要有_____、_____、_____和_____的作用。
4. 温度控制器一般安装在靠近_____的位置。
5. 完善的汽车空调系统由_____、_____、_____、_____和_____组成。

四、简答题

1. 汽车空调电路控制由哪几部分组成？
2. 写出汽车空调制冷系统的工作原理图中部件名称及制冷剂状态。
3. 叙述汽车空调制冷系统抽真空、加注制冷剂的基本操作步骤。
4. 叙述汽车空调蒸汽压缩式制冷装置的组成与工作原理。

项目七

辅助电气系统检修

项目描述

该项目主要是让学生掌握汽车辅助电气系统的基础知识，了解汽车辅助电气系统中各部分的作用、结构与工作原理；会使用检测工具及仪器在整车上诊断辅助电气系统的故障，掌握检修的方法及注意事项。

任务一　电动刮水器的检修

任务目标

1. 掌握电动刮水器的功用、结构与工作原理。
2. 能正确使用电动刮水器的检测工具及仪器。
3. 掌握电动刮水器的检测方法。

任务描述

电动刮水器是风窗清洁装置中一部分，由于它暴露在车体外部且经常使用，所以可能会在使用过程中发生各种故障，掌握了它的结构和工作原理并利用之前学习的检测工具、仪器的使用和检修方法就能够解决问题。

知识储备

1. 风窗清洁装置——电动刮水器

（1）刮水器的作用　刮水器的作用是用来清除风窗玻璃上的雨水、雪或尘土，以确保给驾驶人提供良好的能见度。刮水器有前风窗刮水器和后风窗刮水器之分。因驱动装置的不同，刮水器有真空式、气动式和电动式三种。目前，汽车上广泛使用的是电动刮水器，普遍具有高速、低速及间歇三个工作档位,如图7-1所示。

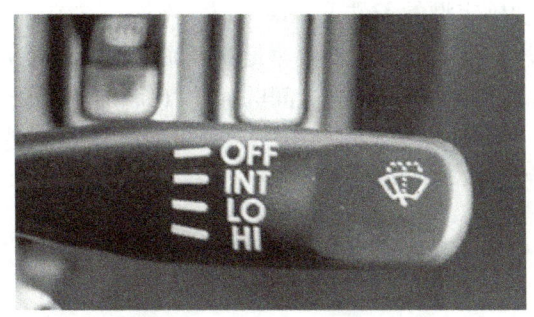

图 7-1 电动刮水器控制杆

OFF—关闭刮水器　INT—间歇工作　LO（或LOW）—低速稳定工作　HI（或HIGH）—高速稳定工作

（2）电动刮水器的组成　如图7-2所示,电动刮水器是由电动机、传动机构总成和刮水片（分为普通刮片和无骨刮片）三部分组成。电动机轴端的蜗杆驱动蜗轮,蜗轮带动摇臂旋转,摇臂使拉杆往复运动,从而带动刮水片左右摆动。电动刮水器的电动机一般有永磁式和励磁式两种,因永磁式电动机结构简单、体积小、可靠性好,故被广泛采用。

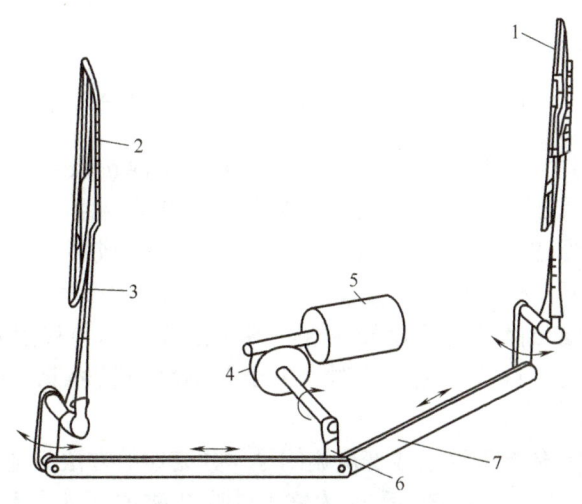

图 7-2 电动刮水器的组成

1—刮水片　2—刮水片架　3—刮水臂　4—蜗轮　5—电动机　6—摇臂　7—拉杆

（3）电动刮水器的变速原理　刮水器的变速是利用直流电动机变速原理来实现的,由直流电动机电压平衡方程式可得转速公式为

$$n = \frac{U - IR}{kZ\Phi} \tag{7-1}$$

式中　U——电动机端电压值;

　　　I——通过电枢绕组的电流值;

　　　R——电枢绕组的电阻值;

　　　k——常数;

　　　Z——正、负电刷间串联的绕组（导体）数;

Φ——磁极磁通。

在电压 U 和直流电动机定型的条件下，即 I、R、k 均为常数时，当磁极磁通 $Φ$ 增大时，转速 n 下降，反之则上升。所以，刮水器变速是在直流电动机变速的理论基础上，采取改变电动机磁极磁通的强弱，或者改变两电刷之间的导体（绕组）数量来实现的。

1）改变磁通变速。采用改变电动机磁极磁通变速的方法，只适合于绕线转子直流电动机。绕线式电动刮水器的工作原理如图 7-3 所示。

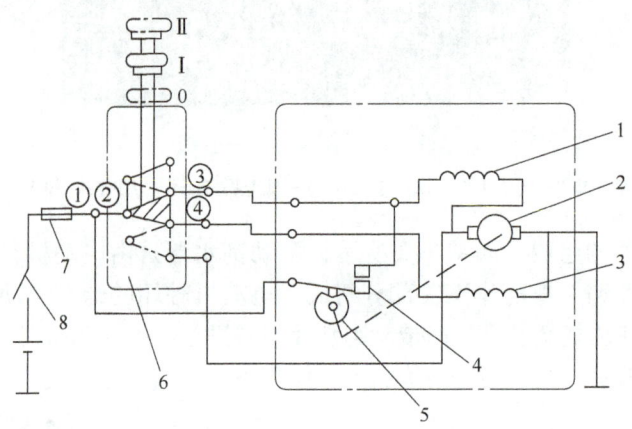

图 7-3　绕线式电动刮水器原理

1—串励绕组　2—电枢　3—并励绕组　4—触点　5—凸轮　6—刮水器开关　7—熔断器　8—电源开关

当刮水器开关在Ⅰ档位置（低速）时，电流由蓄电池正极经电源开关→熔断器→接线柱②→接触片，然后分两路：一路通过接线柱③→串励绕组→电枢→蓄电池负极形成回路；另一路通过接线柱④→并励绕组→蓄电池负极而形成回路。此时，在串励绕组和并励绕组的共同作用下，磁场增强，电动机以低速运转。当刮水器开关在Ⅱ档位置（高速）时，电流由蓄电池正极经电源开关→熔断器→接线柱②→接触片→接线柱③→串励绕组→电枢→蓄电池负极形成回路。此时，由于并励绕组被隔除，磁场减弱，电动机以高速运转。

2）改变电刷间的导体数变速。改变电刷间导体数变速的方法只能通过永磁电动机（三刷永磁式直流电动机）来实现，它的磁极为铁氧体永久磁铁，具有不易退磁的优点，能够实现高、低转速，其工作原理如图 7-4 所示。

B_1 为低速运转电刷，B_2 为高速运转电刷，B_3 为公共电刷。B_1、B_2 安装位置相差 60°。

当电动机工作时，在电枢内同时产生反电动势，其方向与电枢电流的方向相反。如要使电枢旋转，外加电压 U 必须克服反电动势的作用，当电枢的转速上升时，反电动势也相应上升，只有当外加电源 U 几乎等于反电动势时，电枢的转速才趋于稳定。

当开关拨向"L"时，如图 7-4b 所示。电源电压 U 加在 B_1 和 B_2 之间，由于①、⑥、⑤和②、③、④组成两条并联支路，支路中串联的绕组（导体）均为有效绕组，串联绕组（导体）数相对较多（每条支路串联 3 组绕组），故反电动势较大，电动机以较低转速运转。

当开关拨向"H"时，电源电压 U 加在 B_2 和 B_3 之间，由于绕组①和绕组②产生方向相反的电动势，互相抵消，而形成两条并联支路中串联绕组（导体）数相对较少（每条支路串联两组绕组），故反电动势较小，电动机以较高转速运转。

项目七 辅助电气系统检修

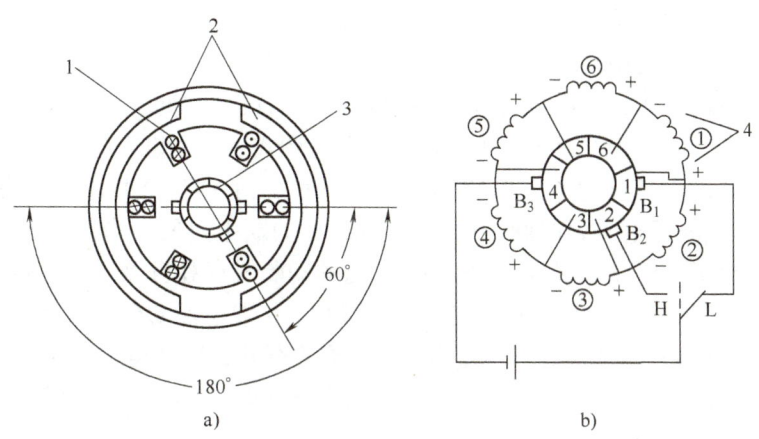

图 7-4 永磁式刮水器电动机的工作原理
a) 结构原理图 b) 电路原理图
1—电枢绕组 2—永久磁铁 3—转向器 4—反电动势

（4）电动刮水器的自动复位装置　汽车上装用的电动刮水器都设有自动复位装置。所谓自动复位，就是指在切断刮水器开关时，刮水片能自动停在驾驶人视野以外的指定位置。

图 7-3 中的触点及凸轮就是绕线式电动刮水器的自动复位装置，凸轮与电枢轴连动，触点由凸轮控制。断开刮水器开关时，刮水片没有停在指定位置，凸轮继续将触点顶在闭合位置，电动机继续转动；只有当刮水片停在指定位置时，凸轮的凹处把触点断开，电动机才停转。

永磁式电动刮水器的自动复位装置如图 7-5 所示。当刮水器开关推到 0 档时，如果刮水片没有停在规定的位置，由于触点 6 与铜环 9 接触，电流继续流入电枢。电流流向为：蓄电池正极→电源总开关→熔断器→电动机电刷 B_1→电枢绕组→电刷 B_3→刮水器开关接线柱②→刮水器开关接线柱①→触点臂 5→触点 6→铜环 9→蓄电池负极，电动机以低速运转，直至蜗轮 8 转到图 7-5b 所示的位置时，触点 6 通过铜环 7 与触点 4 连通，将电动机电枢绕组短路。与此同时，电动机因惯性不能立即停转，以发电机方式运行，产生很大的反电动势，产生制动力矩，电机迅速停转，使刮水片停在指定位置。

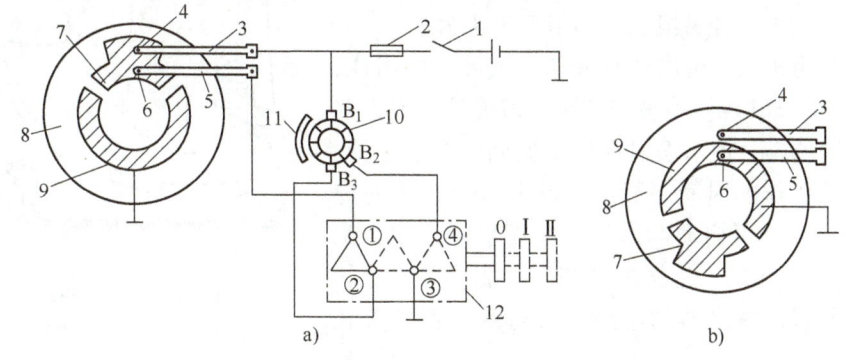

图 7-5 永磁式刮水器电动机自动复位装置原理图
a) 工作电路 b) 复位原理
1—电源总开关 2—熔断器 3、5—触点臂 4、6—触点 7、9—铜环 8—蜗轮
10—电枢 11—永久磁铁 12—刮水器开关

137

(5) 电动刮水器的间歇控制　电动刮水器间歇控制的作用，一是在与洗涤器配合使用时，可以达到先洗后刮的循环刮洗工序，以提高刮洗效果；二是在雨量稀少时，如果刮水器仍按原来那样不断地工作，不仅会引起刮片的颤动，而且也会对玻璃有损伤。电动刮水器的间歇控制按其间歇时间能否调节可分为可调式和不可调式。下面以无稳态方波发生器控制的间歇刮水器为例介绍其工作过程，电路如图 7-6 所示。由 VT_1、VT_2 组成无稳态多谐振荡器。R_1、C_1 决定 K 的通电吸合时间，R_2、C_2 决定 K 的断电时间。当刮水器开关处在"0"档时，刮水器电动机电枢被电刷 B_3 与 B_1、继电器的动断触点和自停开关短路，电动机不工作。此时，若接通间歇开关，则 VT_1 导通，VT_2 截止，K 通电使动合触点闭合，刮水器以低速运转。当 C_1 充电到一定值后，VT_2 导通，VT_1 迅速截止，K 断电，动断触点闭合，电动刮水器自动复位后停止工作。当 C_2 充电到 VT_1 导通电压时，VT_1 导通，VT_2 截止，K 动作，动合触点闭合，重复上述过程。

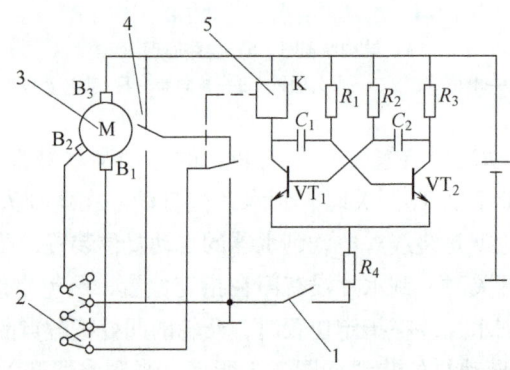

图 7-6　电子间歇刮水器
1—间歇刮水开关　2—刮水器开关　3—刮水电动机　4—自停开关　5—继电器

2. 风窗清洁装置——清洗装置

为了更好地消除附着在风窗玻璃上的污物，在汽车上增设了风窗玻璃洗涤器，与刮水器配合工作，保证给驾驶人提供良好的视野。

风窗玻璃洗涤器由洗涤液罐、洗涤液泵、软管、三通、喷嘴及刮水器开关组成，如图 7-7 所示。

洗涤液泵由永磁直流电动机和离心式叶片泵组成，喷射压力为 70~88kPa。喷嘴安装在风窗玻璃下面，其喷嘴方向可以调整，使水喷射在风窗玻璃的合适位置。洗涤液泵连续工作的时间一般不超过 1min，使用时应先开洗涤液泵后，再启动刮水器。在喷水停止后，刮水器应继续刮 2~5 次，这样配合使用才能达到良好的洗涤效果。所以，洗涤器的电路一般与刮水器开关联合工作。

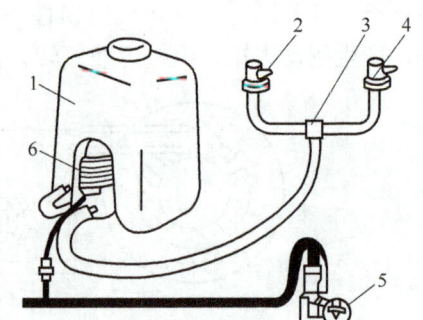

图 7-7　风窗玻璃洗涤器
1—洗涤液罐　2、4—喷嘴　3—三通
5—刮水器开关　6—洗涤液泵

3. 风窗清洁装置——除霜装置

冬季风窗玻璃上易结冰霜，用刮水器无法清除，除去霜雾有效的方法是加热玻璃。前风窗玻璃和侧窗玻璃可利用暖风进行除霜；后风窗玻璃一般利用电阻丝组成的电栅加热除霜，即电热式除霜,如图7-8所示。

后风窗玻璃除霜器一般是在玻璃成型过程中,将很细的电阻丝烧结在玻璃表面上。后风窗玻璃除霜器由一组平行的含银陶瓷电阻丝组成,在玻璃两侧有汇流条,各焊有一个接线柱,其中一个用于供电,另一个是搭铁接线柱。这种除霜器的工作电流较大,因此电路中除了设有开关外,有的还设有一个定时继电器。这种继电器在通电10min后即能自动断电,如霜还没有除净,驾驶人可再次接通开关,但在这之后每次只能通电5min。

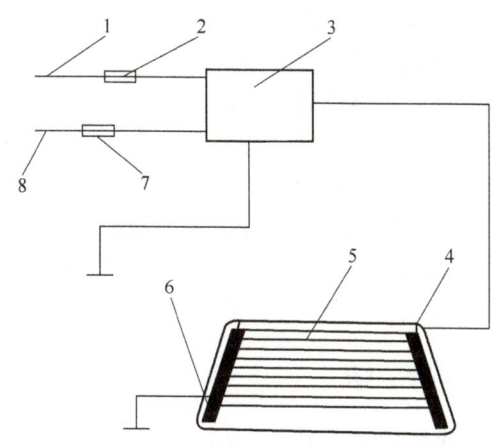

图7-8 电热式后窗除霜电路原理图
1—接蓄电池 2、7—熔断器 3—开关 4—供电接线柱
5—后窗电栅 6—搭铁接线柱 8—接点火开关

除霜器的电阻随温度的变化而变化,具有正温度系数。温度低时,阻值减小,电流增大;温度高时,阻值增大,电流减小。因此,除霜器自身具有一定的调节功能。

任务实施

电动刮水器常见的故障有刮水器不工作、无间歇档、无快慢工作及刮水片不能复位等。除此以外,还有一些与刮水片调整有关的故障。分析故障原因时,可以从电器故障和机械故障两方面着手。

1. 任务准备

任务所需的资料、设备、工具见表7-1。

表7-1 任务准备

维 修 资 料	捷达轿车维修手册、捷达轿车(2008款)电路图
所 需 设 备	捷达轿车整车
所 需 工 具	座椅套、方向盘套、变速杆套、脚垫、翼子板布

2. 完成下列各项任务

(1)依据捷达轿车电路图,在实车上找到电动刮水器各相关部件,并在下面填写符号的名称。

E22 _____ H _____ J31 _____
V59 _____ V _____ J53 _____

(2)根据下面提供的故障案例,完成相应题目。

一辆2008款捷达轿车,客户反映刮水器速度比以前速度慢。

1)初步分析。 □机械故障 □电器故障

2)检查内容。

① 电源到电动刮水器开关之间的电路是否正常
□正常 □不正常

② 继电器 □正常 □不正常

③ 熔断器　　　□正常　　　　　□不正常
④ 电动刮水器开关接线端子　□正常　　　□不正常
⑤ 插接是否牢固　□是　　　　□否
⑥ 是否接触不良　□是　　　　□否
⑦ 电动机搭铁回路是否正常　□是　　　□否

3）根据上述测量结果，确定故障部位并排除故障。
4）故障是否已解决？
□是　　　　□否

评价总结

1. 小组评价（见表7-2，50分）

表7-2　小组评价表

操作项目	考核内容	评分标准	配分	扣分	得分
考前准备	作业服着装整齐，防护齐备	根据情况酌情扣分	5分		
	一次性备齐所需工具				
操作步骤	1. 车辆或部件的安全防护 2. 确认故障现象 3. 故障检测流程符合工艺规范 4. 检测设备及工具使用正确 5. 记录检测结果并进行分析	某项未做不给分 操作方法不当扣2分	25分		
文明操作	操作有序、规范	根据情况酌情扣分	5分		
安全操作	无机具、人身事故	根据情况酌情扣分	10分		
7S管理	整理工具、清洁场地	根据情况酌情扣分	5分		

2. 教师总体评价（50分）

得分：_____

任务二　电动车窗的检修

任务目标

1. 掌握电动车窗的构造与工作原理，能识读控制电路图。
2. 能正确使用电动车窗的检测工具。
3. 能够分析电动车窗的故障现象并能进行检修。

任务描述

电动车窗也是经常使用的系统，需要注重日常的维护。通过学习，了解汽车电动车窗主要部件的结构与工作原理；学习如何对汽车电动车窗系统故障分析，利用万用表等工具，掌握更换车窗电动机等维修技能。

知识储备

电动车窗可使坐在座位上的驾驶人或乘员利用开关使车门玻璃自动升降，操作简便并有利于行车安全。以下介绍电动车窗的构造与工作原理。

电动车窗主要由门窗电动机、玻璃升降器、控制开关和控制电路等装置组成，如图 7-9 所示。此外，为吸收冲击对机构的影响，一般都装有吸收冲击的缓冲装置。

1. 门窗电动机

电动车窗使用的电动机是双向直流电动机，有永磁式和双绕组串励式两种，每个车窗都装有一个电动机，通过开关控制它的旋转方向，使车窗玻璃上升或下降。电动机内部还装有减速装置。此外，门窗电动机内部一般都装有抑制无线

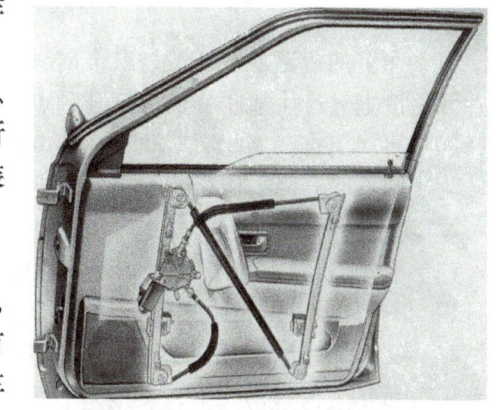

图 7-9　电动车窗结构图

电干扰装置，以防止在使用玻璃升降器时对车内无线电的接收形成干扰。电动机内部还装有电流保护装置，电动机运动受阻时能自动切断电源，从而避免电动机的烧毁。门窗电动机一般设计成正反旋转，具有较高的输出转矩、低噪声、小体积、扁平外形和短时工作制，并对尘埃及洗涤剂具有密封防护性能。

（1）永磁式直流电机电动车窗　永磁式直流电机电动车窗通过改变电动机电枢的电流方向来改变电动机的旋转方向，使车窗玻璃上升或下降。

当点火开关打开时，电动车窗主继电器工作，触点闭合，给电动车窗提供了电源，如将主开关上的窗锁开关闭合，那么，所有车窗都可随时进入工作状态；若主开关上的车窗锁开关断开，则只有驾驶侧车窗可进行工作。另外，有的车辆驾驶人的车窗开关由点触式电路控制，驾驶人要使车窗玻璃下降时，只要点触一下下降开关，车窗玻璃就会自动下降到最低点，在下降过程中，如果要使玻璃停止在某一位置时，只要再点触一下开关即可。如此设计

可方便驾驶人操作，提高了行车安全性。

（2）双绕组串励式直流电机电动车窗　双绕组串励式直流电机有两个绕向相反的磁场绕组，一个称为上升绕组，一个称为下降绕组，在给不同绕组通电时，会产生方向相反的磁场，电动机的旋转方向也就不同，从而实现车窗玻璃上升或下降。典型控制电路如图7-10所示。

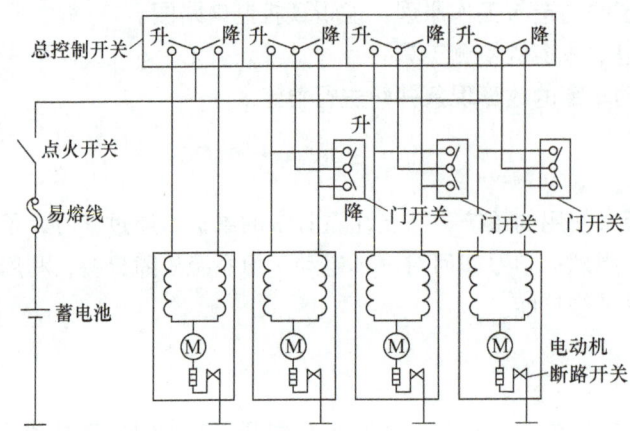

图7-10　双绕组串励式直流电机电动车窗电路图

电动车窗的短路保护开关是双金属触点臂结构，当电动机超载电路中电流过大时，双金属片因温度上升产生翘曲变形，打开触点，切断电路。电流消失后，双金属片冷却，变形消失，触点再次闭合。如此周期动作，使电动机电流平均值不超过规定值，不致过热而烧坏。

为了与不同升降机构相匹配，门窗电动机输出部分的结构也有所不同。

2．玻璃升降器

（1）玻璃升降器的组成　汽车电动门窗玻璃升降器主要由下列部件组成：

1）机械部分：蜗轮、蜗杆、绕线轮和滑动机架等。

2）电气部分：过热熔断丝、开关、自动继电器、延时继电器和线束等。

（2）玻璃升降器的主要技术参数　主要技术参数包括标称电压、工作电压、额定负载、玻璃行程、玻璃上升时间、电动机最大消耗电流、制动力和寿命等。

（3）电子控制装置特点　玻璃升降器的电子控制装置有如下特点：

1）具有单按系统。即对开关的一个简单、短暂的轻按，就能将玻璃完全地打开或关闭。这样，驾驶人需要关闭车窗时，不再需要一只手驾驶，而用另一只手去控制车窗，提高了舒适性和安全性。

2）能够在车外关闭车窗。如果驾驶人自车内走出而忘记把车窗关闭，不需再进入车内关窗，可在车外通过中央门锁系统，将门窗自动地关闭。

3）具有安全控制。当车窗上升而遇到障碍时，能自动地检测出由障碍所引起的阻力，并自动停止玻璃的关闭，避免伤害人体，这就是防夹功能。

防夹功能的工作原理是通过一个已经安装在印制电路板上的霍尔传感器来识别玻璃在升降时是否有外界干涉。霍尔传感器是来判别电动机轴转速的变化，在关闭车窗时，霍尔传感器判断出转速的变化，车门控制单元会意识到遇到一个干扰力，则改变电动机运动的方向。防夹功能在一个升降行程内只能实现一次，其后必须要初始化玻璃的上下位置才可再次实现。

(4) 玻璃升降器的分类　电动门窗玻璃升降器有油压式和机械式两大类。机械式升降器的结构形式有绳轮式、交臂式和软轴式。

1) 电动油压式玻璃升降器。电动油压式门窗玻璃升降器由电动机、油筒、连臂机构和控制开关等组成。升高某车窗玻璃时，按下该车窗上升按钮，电路接通，电流即流入电动机，转动油泵以产生高压油。同时，电流流入控制该窗的电磁线圈，将油阀打开，压力油进入油压缸中将活塞推动，经连杆装置，使风窗玻璃上升。降低某车窗玻璃时，按下该车窗下降按钮，电磁线圈有电流进入，使油阀打开，此时电动机不转，无压力油，风窗玻璃连杆受弹簧力的作用，将油压缸中的油压回储油室，使风窗玻璃下降。

2) 绳轮式门窗玻璃升降器。绳轮式门窗玻璃升降器由滑轮、钢丝绳、张力器和张力滑轮等组成，如图 7-11 所示。它通过驱动电动机拉钢丝绳来控制门窗玻璃的升降，电动机的输出部分是一个塑料绳轮，绳轮上绕有钢丝绳，钢丝绳上装有滑块，电动机驱动绳轮，带动钢丝绳卷绕，钢丝绳上的滑块带动玻璃，使之沿导轨做上下运动。

3) 交臂式门窗玻璃升降器。常见的交臂式（或称 XU 交臂式）门窗玻璃升降器主要由扇形齿板、玻璃导轨及调节器等组成，如图 7-12 所示。它的工作原理是：扇形齿板利用驱动电动机的棘轮进行转动，从而带动 X 臂运动，而使风窗玻璃做上下移动。

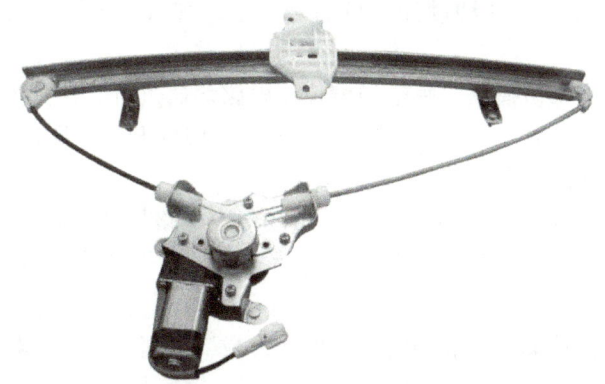

图 7-11　绳轮式玻璃升降器的结构

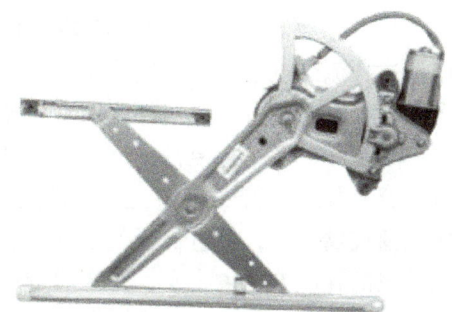

图 7-12　交臂式门窗玻璃升降器

4) 软轴式门窗玻璃升降器。软轴式门窗玻璃升降器由软轴、小齿轮等组成，如图 7-13 所示。

电动机的输出部分是一个小齿轮，通过与软轴上的齿（近似于齿条）相啮合，驱动软轴卷轴卷绕，带动玻璃沿导轨做上下运动。

汽车电动门窗玻璃升降器大多采用齿轮传动形式，以减少玻璃升起时的阻力，但也有使用挠性传动装置（如链条或传动带）进行传动的。门窗电动机内有两组绕向不同的磁场绕组，分别与开关的上下触点相连。两组磁场绕组分别工作，使电动机能输出正、反两个方向的转动力矩，从而控制门窗玻璃的升或降。

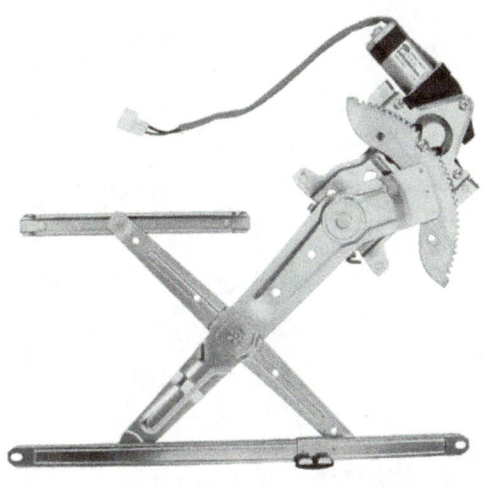

图 7-13　软轴式门窗玻璃升降器的结构

3. 控制开关

所有电动门窗系统均装有两套控制开关：一套为总开关，一般装在驾驶人容易操作的地方，比如车门扶手（见图7-14）或前排左、右座椅之间的中央通道面板上，组合开关的4个升降按钮开关分别控制4个门窗玻璃升降，它的锁定开关控制后门的玻璃升降开关的开和关。驾驶侧车门开关的操作与其他门的开关有所不同，只需按一下下降键，门窗玻璃即可下降到底（如需中途停止，按一下上升键即可）。由于延时继电器的作用，点火开关钥匙处于"OFF"后50s内，门窗玻璃升降开关仍可起作用。只要将点火开关钥匙置于"ON"位置，驾驶人就可以通过它方便地控制4个门窗的升降。

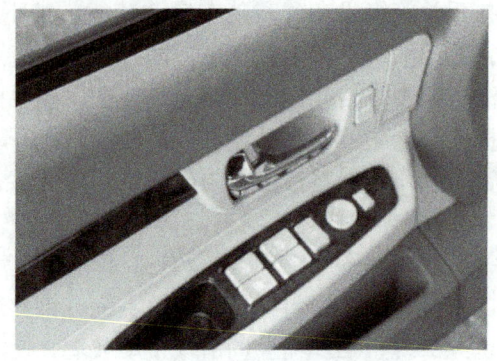

图7-14 安装在驾驶侧车门上的电动门窗控制开关

总开关上还设计有一个锁定开关，在锁定开关接通的情况下，各开关均能操纵所在车门的玻璃；在锁定开关断开的情况下，后面两扇车门的电路被切断，门上的开关便失去作用，这种设计的目的是为了增加乘坐人员的安全性。

另一套为分开关，一般都装在车门上由乘员操纵。每个门窗控制电路均通过组合开关搭铁，这样流经电动机的电流不但通过每个分开关，还要通过组合开关上相应的开关。所以，操纵组合开关或分开关，都能控制门窗玻璃的升降。

如图7-15所示，当接通点火开关后，门窗继电器触点闭合，电动门窗电路与电源接通。将组合开关或分开关与"上"位接通，电流流经门窗电动机，电动机旋转，带动升降器，使门窗玻璃上升；将组合开关或分开关与"下"位接通，流经门窗电动机的电流改变方向，电动机的旋转方向也改变，升降器带动门窗玻璃下降。当门窗玻璃上升或下降到终点时，断路开关切断40s左右，然后再回复到接通状态。

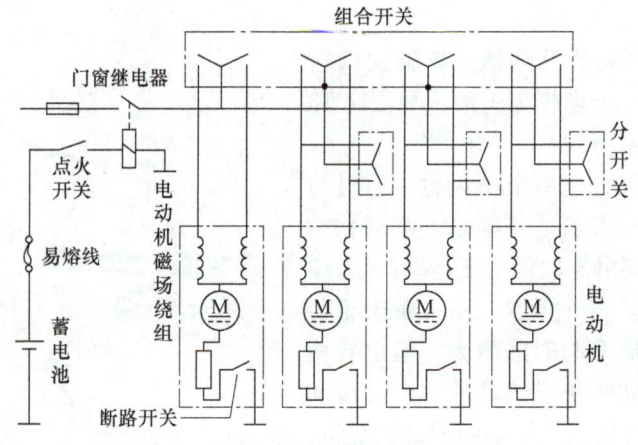

图7-15 软轴式门窗玻璃升降器电路图

4. 控制电路

电动门窗控制电路主要由电源、易熔线、断路器和指示灯等组成。下面以通用雪佛兰电动车窗系统控制电路为例加以介绍。

驾驶侧电动车窗上升：将驾驶侧车窗开关（S79D）左前车窗开关部分提升（保持提升动作），车窗开关（S79D）的6脚向驾驶侧车窗电动机（M74D）传送接地信号，如图7-16中④线所示；车窗电动机（M74D）内部的逻辑模块（A90）经计算后通过数据线，如图中①线所示，向车身控制模块（K9）传送请求信号；车身控制模块（K9）经计算后，通过数据线向车窗电动机（M74D）内的逻辑模块（A90）传送许可信号，车窗电动机（M74D）控制内部的继电器将车窗上升触点闭合，如图7-16中⑥线所示，车窗上升。

驾驶侧电动车窗一次上升：将驾驶侧车窗开关（S79D）左前车窗开关全部提升（提升一次后松开），车窗开关（S79D）的2脚与6脚向驾驶侧车窗电动机（M74D）传送接地信号，如图7-16中②线与④线所示；车窗电动机（M74D）内部的逻辑模块（A90）经计算后通过数据线，如图7-16中①线所示，向车身控制模块（K9）传送请求信号；车身控制模块（K9）经计算后，通过数据线向车窗电动机（M74D）内的逻辑模块（A90）传送许可信号，车窗电动机（M74D）控制内部的继电器将车窗上升触点闭合，如图7-16中⑥线所示，车窗一次上升。

驾驶侧电动车窗下降：将驾驶侧车窗开关（S79D）左前车窗开关部分按下（保持按下动作），车窗开关（S79D）的3脚向驾驶侧车窗电动机（M74D）传送接地信号，如图7-16中③线所示；车窗电动机（M74D）内部的逻辑模块（A90）经计算后通过数据线，如图7-16中①线所示，向车身控制模块（K9）传送请求信号；车身控制模块（K9）经计算后，通过数据线向车窗电动机（M74D）内的逻辑模块（A90）传送许可信号，车窗电动机（M74D）控制内部的继电器将车窗下降触点闭合，如图7-16中⑤线所示，车窗下降。

驾驶侧电动车窗一次下降：将驾驶侧车窗开关（S79D）左前车窗开关全部按下（按下一次后松开），车窗开关（S79D）的2脚与3脚向驾驶侧车窗电动机（M74D）传送接地信号，如图7-16中②线与③线所示；车窗电动机（M74D）内部的逻辑模块（A90）经计算后通过数据线，如图7-16中①线所示，向车身控制模块（K9）传送请求信号；车身控制模块（K9）经计算后，通过数据线向车窗电动机（M74D）内的逻辑模块（A90）传送许可信号，车窗电动机（M74D）控制内部的继电器将车窗下降触点闭合，如图7-16中⑤线所示，车窗一次下降。

车窗开关（S79D）其余车窗开关的上升或下降：通过数据线将请求信号传送给车身控制模块（K9），车身控制模块（K9）经计算后，通过数据线向相应的车窗开关传送许可信号，相应的车窗开关控制内部的继电器将上升或下降触点闭合，实现车窗的上升或下降。

乘员侧电动车窗上升：如图7-17所示，将乘客侧车窗开关（S79P）向上提升，车窗开关（S79P）的5脚通过数据线向车身控制模块（K9）传送请求信号，车身控制模块（K9）经计算后，通过数据线向车窗电动机（M74P）内的逻辑模块（A90）传送许可信号，车窗电动机（M74P）控制内部的继电器将车窗上升触点闭合，车窗上升。

乘员侧电动车窗下降：如图7-17所示，将乘客侧车窗开关（S79P）向下按，车窗开关（S79P）的5脚通过数据线向车身控制模块（K9）传送请求信号，车身控制模块（K9）经计算后，通过数据线向车窗电动机（M74P）内的逻辑模块（A90）传送许可信号，车窗电动机（M74P）控制内部的继电器将车窗下降触点闭合，车窗下降。

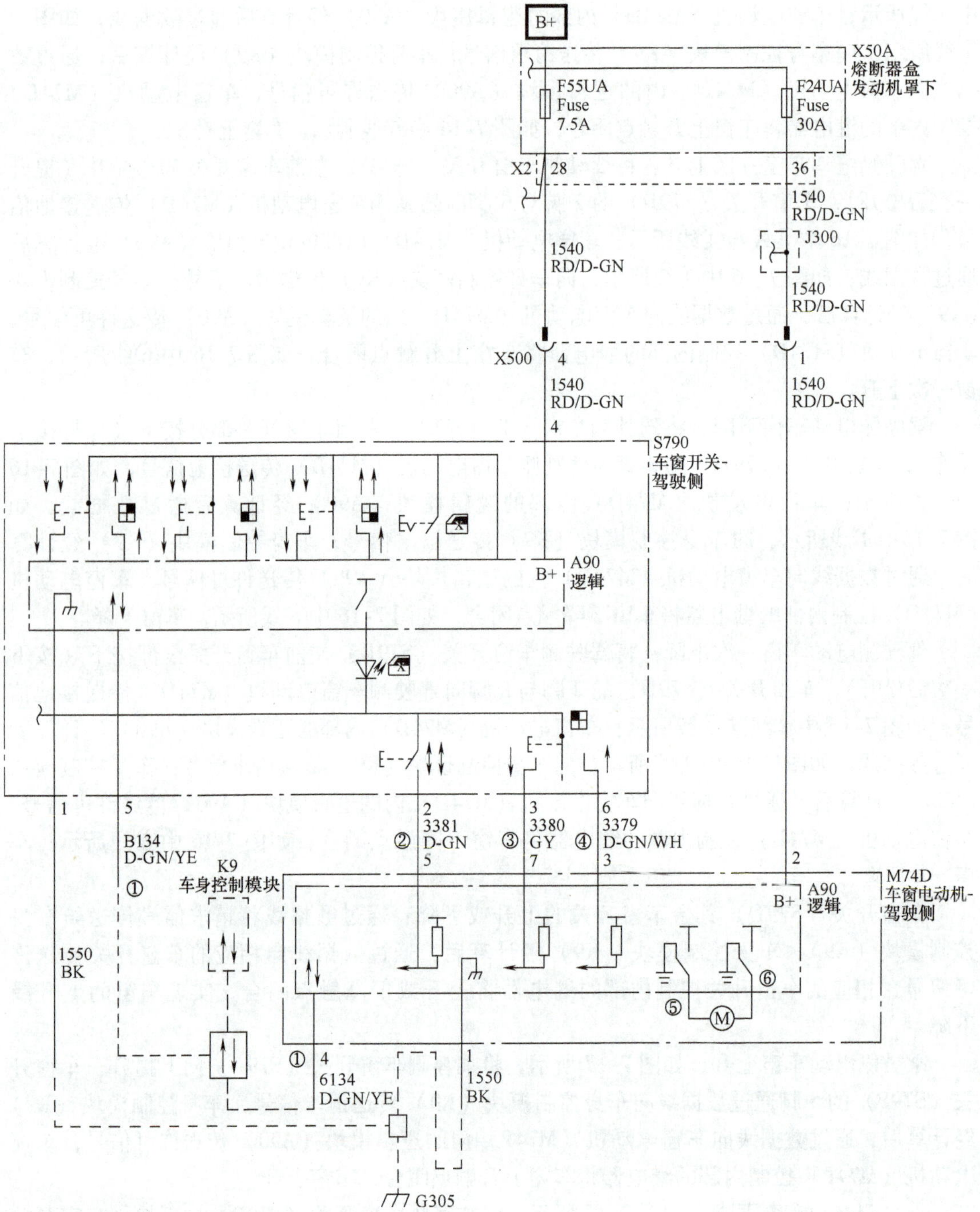

图 7-16　左前电动车窗电路图（AXG）

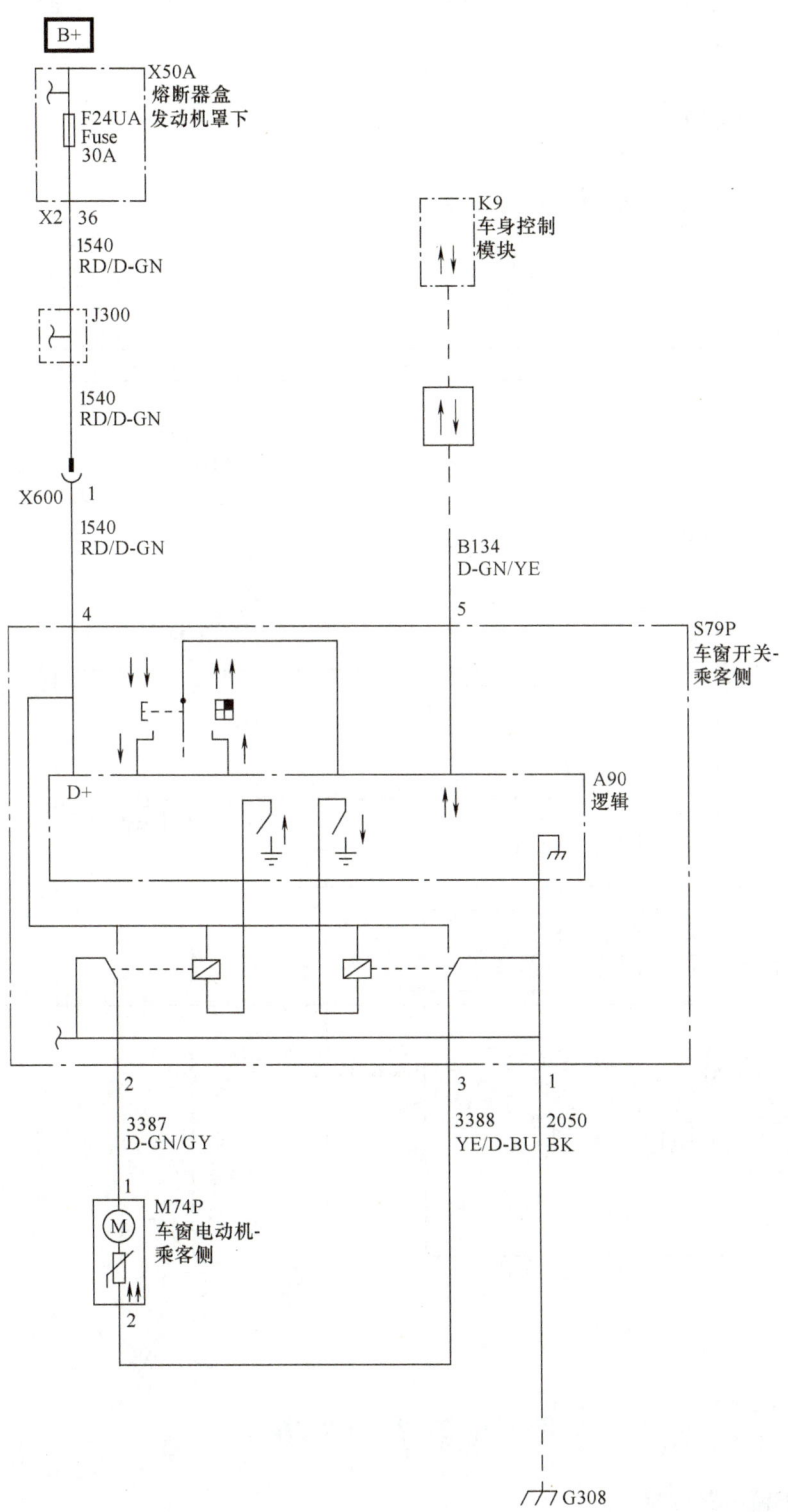

图7-17 右前电动车窗电路图

左后与右后车窗的上升与下降的原理和右前车窗的上升与下降的原理相同，如图 7-18 与图 7-19 所示，这里不再叙述。

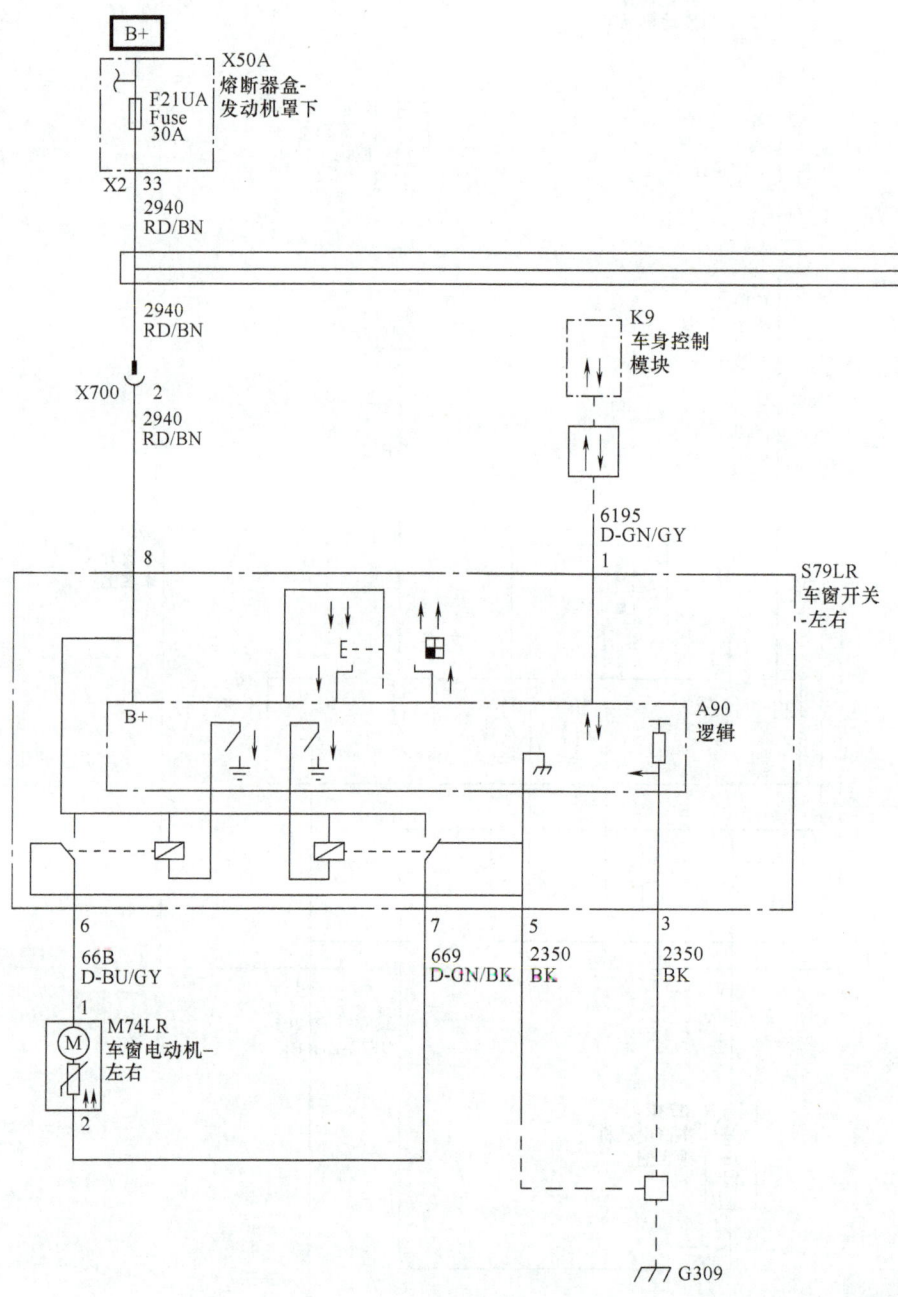

图 7-18　左后电动车窗电路图

5. 电动车窗电路分析

捷达轿车所用的电动车窗是一种典型的电控车窗玻璃升降系统。4 个车门各有一台电动机，每台电动机通过蜗轮机构驱动拉锁，拉锁与升降机导轨上的夹持器相连，夹持器带动玻

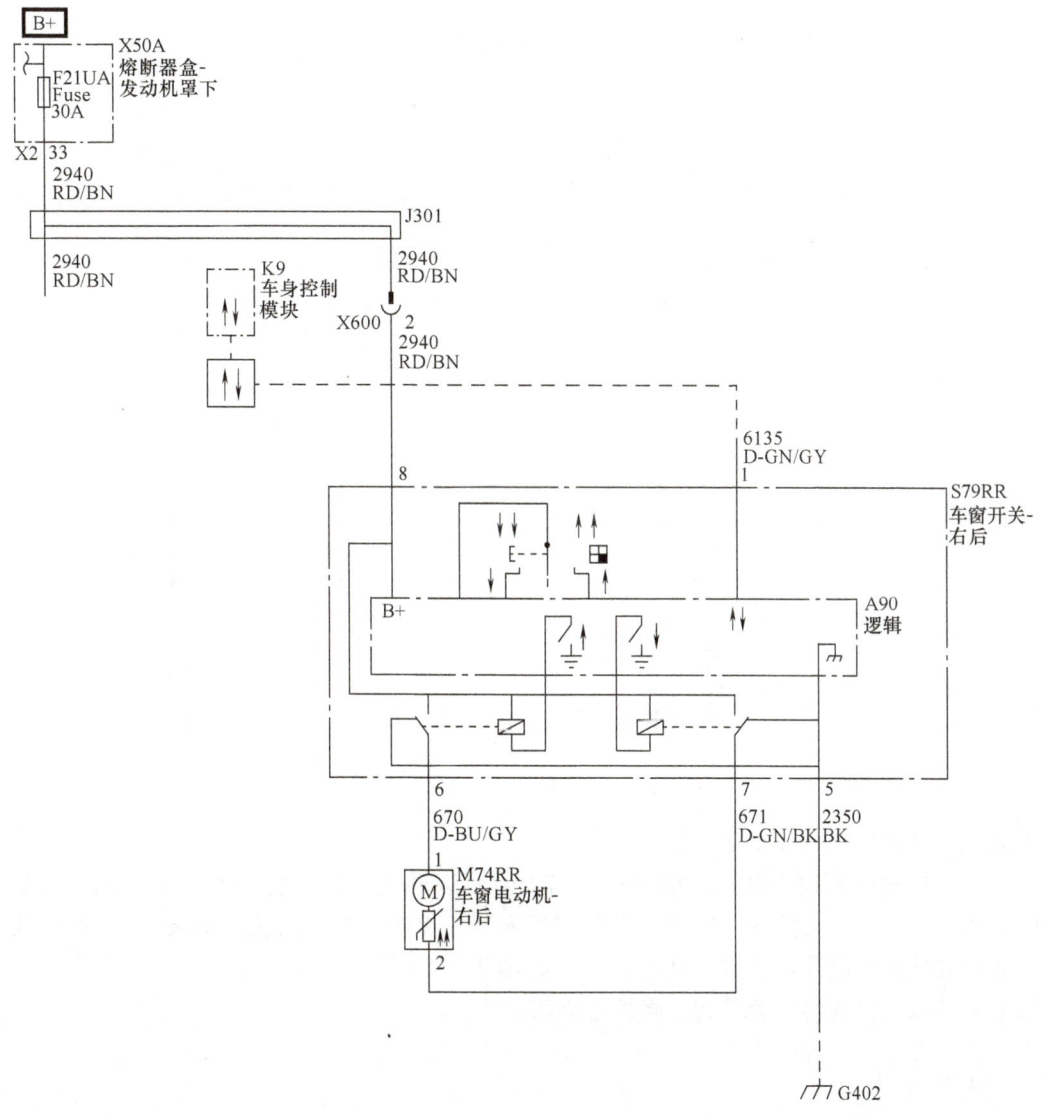

图 7-19 右后电动车窗电路图

璃在导槽里运动。拉锁外套通过减振弹簧支撑在蜗轮机构壳上,这样可以通过弹簧的缓冲进而减少上下止点的冲击。

(1) 升降器的换向 车窗升降器接近止点时,首先克服弹簧张力,此时电动机电流增大,加热电动机里的双金属开关,当到达止点时,电流进一步加大,直至双金属片进一步变形乃至中断供电,实现停止。当反向起动时与之相反,到止点断电。

(2) 控制方式 左前车门有两个开关,分别控制两个前车门;其余 3 个车门分别由各自的开关控制,如图 7-20 所示。

(3) 左前电动车窗上升 电流流向如图 7-21 中粗线所示。左前电动车窗下降与其上升

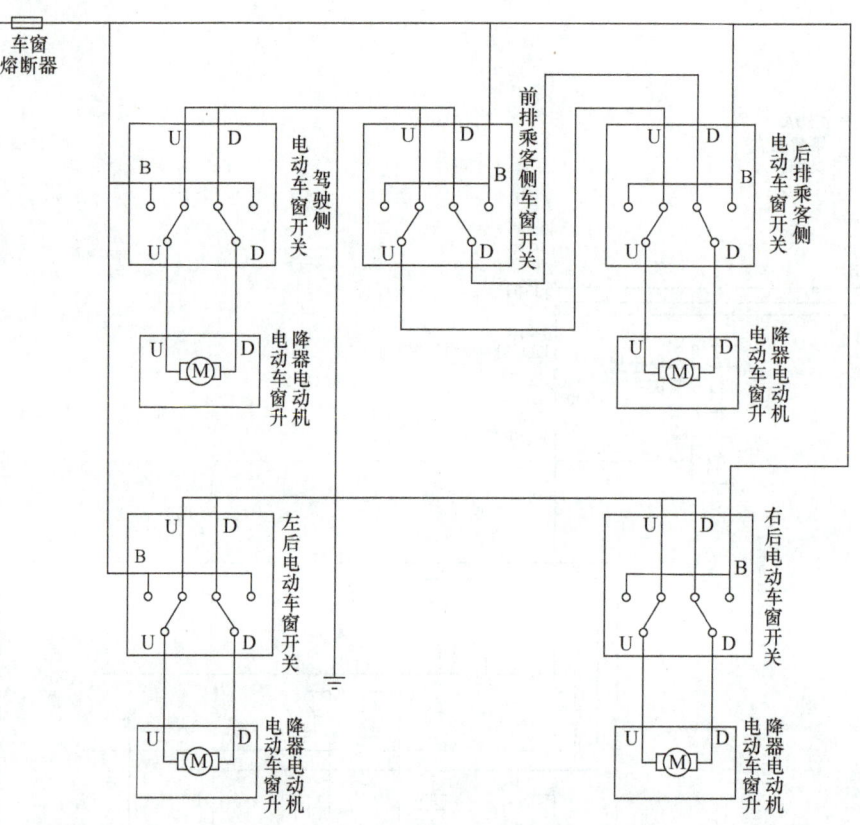

图 7-20　捷达轿车电动车窗电路图

原理类似,只需将开关移到下降位置。

(4) 右前电动车窗上升　右前电动车窗上升可以通过前排乘客车窗开关控制,或是通过后排乘客侧车窗开关控制。通过前排乘客车窗开关控制,其电流流向如图 7-22 中粗线所示,通过乘员侧车窗开关控制,其电流流向如图 7-23 中粗线所示。其电动车窗的下降,原理与上升类似,只需将开关移到下降位置即可。

任务实施

1. 任务准备（见表 7-3）

表 7-3　任务准备

维修资料	捷达轿车（2008 款）电路图、维修手册
所需设备	万用表、试灯、整车、灯泡、胶布
所需工具	座椅套、方向盘套、变速杆套、脚垫、翼子板布、常用工具

2. 完成下列各项任务

一辆 2008 款捷达轿车,行驶 20000km,副驾驶侧车窗不能运动,其他车窗工作正常。

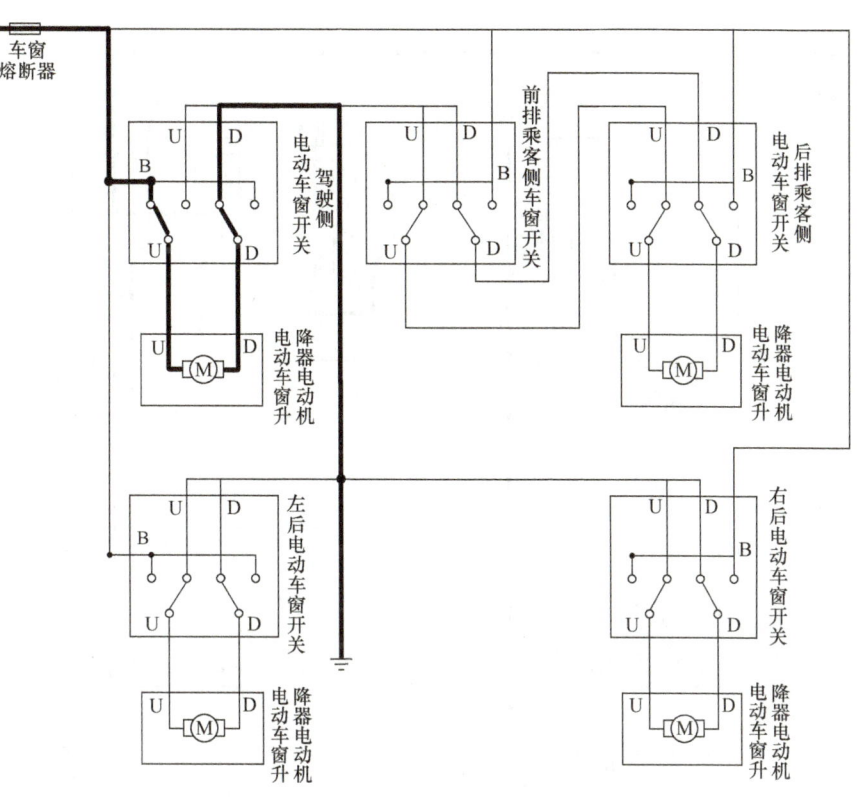

图 7-21　左前电动车窗上升

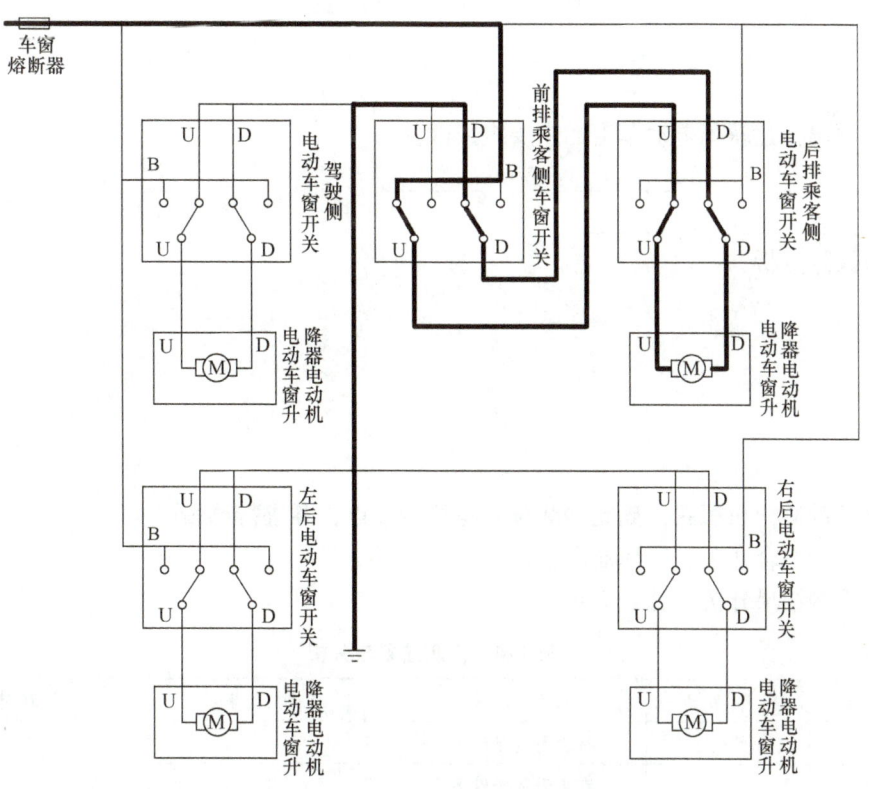

图 7-22　右前电动车窗上升（驾驶侧乘客开关）

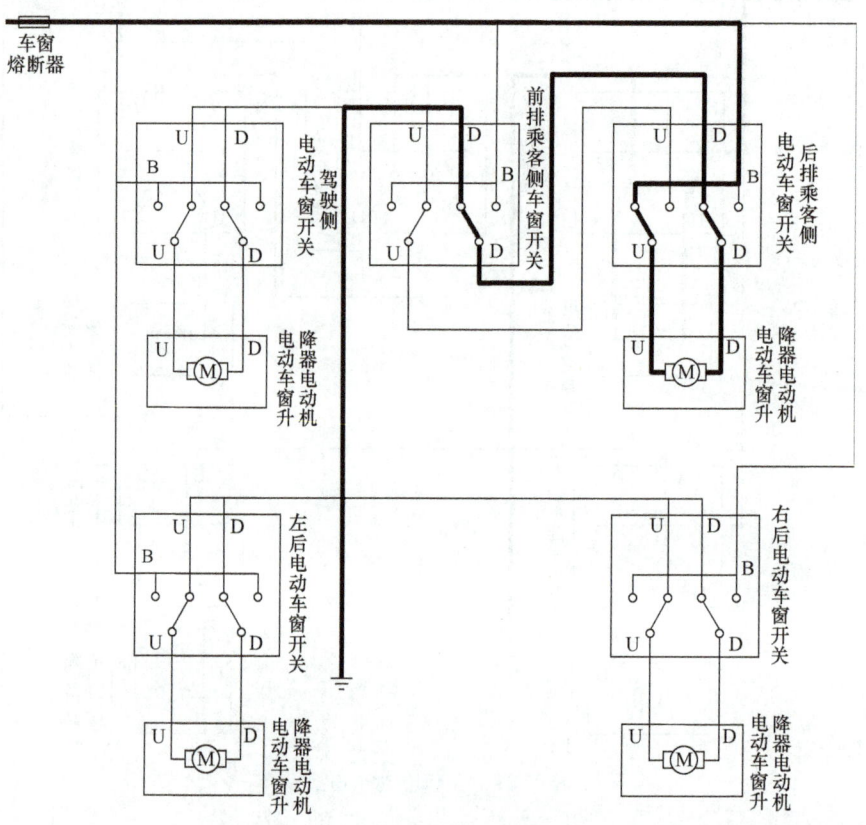

图 7-23　右前电动车窗上升（乘客侧开关）

（1）写出捷达轿车电动车窗的主要组成部件。
1)＿＿＿＿＿　2)＿＿＿＿＿　3)＿＿＿＿＿
4)＿＿＿＿＿　5)＿＿＿＿＿
（2）故障分析。

3. 根据故障分析思路，确定检测位置与检测节点，并进行测量

（1）检测组合开关、升降器电动机。
（2）检测结果分析，见表7-4。

表7-4　检测结果与分析

检测位置	检测节点	检测条件	检测结果	结果分析
开关	两端	在上升的条件下		
升降器	两端	在上升的条件下		

4. 维修并安装完成后，进行汽车技术状况检查，确定故障已解决

（1）组合开关上升玻璃。

☐正常　　　　☐不正常

（2）组合开关下降玻璃。

☐正常　　　　☐不正常

评价总结

1. 小组评价（见表 7-5，50 分）

表 7-5　小组评价表

操作项目	考核内容	评分标准	配分	扣分	得分
考前准备	作业服着装整齐，防护齐备 一次性备齐所需工具	根据情况 酌情扣分	5 分		
操作步骤	1. 车辆或部件的安全防护 2. 确认故障现象 3. 故障检测流程符合工艺规范 4. 检测设备及工具使用正确 5. 记录检测结果并进行分析	某项未做不给分； 操作方法不当扣 2 分	25 分		
文明操作	操作有序、规范	根据情况酌情扣分	5 分		
安全操作	无机具、人身事故	根据情况酌情扣分	10 分		
7S 管理	整理工具、清洁场地	根据情况酌情扣分	5 分		

2. 教师总体评价（50 分）

得分：_____

任务三　电动门锁的检修

任务目标

1. 掌握电动门锁的构造与工作原理，能识读控制电路图。
2. 能正确使用电动门锁的检测工具。

3. 能够分析电动门锁的故障现象并进行检修。

任务描述

只要驾驶或使用汽车，就会用到电动门锁，它与电动门窗一样都需要注重日常的保养维护。通过学习，了解汽车电动门锁的结构与工作原理；学习如何对汽车电动门窗系统故障分析，利用万用表等工具，掌握中央门锁的维修技能。

知识储备

为了使汽车的使用更加方便和安全，现代轿车多数都安装了电动中央门锁控制系统（也称为中央集控门锁、电动中央门锁），简称为中控锁。传统的中央门锁是指电动门锁，其开闭由门锁开关通过门锁继电器控制。目前，电动门锁则是由微机根据各个开关信号控制门锁的开闭，而且常常和汽车的防盗系统结合在一起，提高了汽车的防盗性能。

1. 电动门锁的功能与组成

（1）装置中央门锁后可实现下列功能：

1）将驾驶侧车门锁扣按下时，其他几个车门及行李舱门都能自动锁定；如用钥匙锁门，也可同时锁好其他车门和行李舱门。

2）将驾驶侧车门锁扣拉起时，其他几个车门及行李舱门锁扣都能同时打开；用钥匙开门，也可实现该动作。

3）在车室内个别车门需打开时，可分别拉开各自的锁扣。

4）可防误锁。

5）具有儿童安全锁功能。

6）一些车辆车速超过 10km/h 可实现自动上锁。

7）防盗锁死。

（2）电动门锁的基本组成　汽车上装用的电动门锁种类很多，但其基本组成主要包括门锁开关、门锁继电器（门锁控制器）和门锁执行机构，如图 7-24 所示。

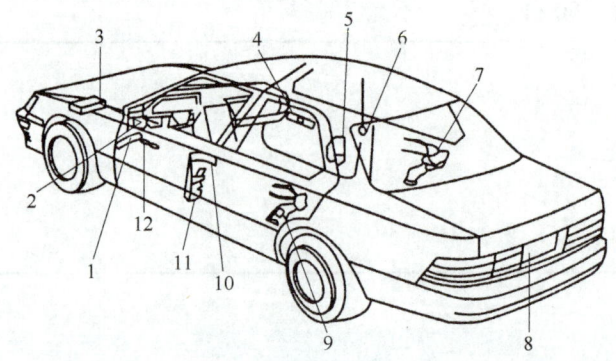

图 7-24　电动门锁的组成

1—1 号接线盒　2—门锁 ECU 及门锁继电器　3—2 号接线盒　4—右前门锁控制开关　5—右前门锁电动机及位置开关　6—右前门锁钥匙开关　7—右后门锁电动机和位置开关　8—行李箱门锁　9—左后门锁电动机及位置开关　10—左前车门钥匙开关　11—左前门锁电动机及开关　12—左前门锁控制开关

1) 门锁开关。门锁开关控制门锁继电器的动作,接通或断开执行机构的电路。大多数中控开关都是由总开关和分开关组成,总开关装在驾驶侧车门上,驾驶人操纵总开关可将全车所有车门锁住或打开;分开关装在其他各个车门上,可单独控制一个车门。

2) 门锁继电器。门锁继电器控制执行器电路的通断,从而达到控制执行器动作的目的。门锁继电器的种类很多,按其控制原理大致可分为晶体管式、电容式和车速感应式三种。

3) 门锁执行机构。根据电路中电流方向的不同而实现闭锁或开锁,常用的门锁执行机构有电磁线圈式、直流电动机式或永磁电动机式。

2. 电动门锁的分类

电动门锁有很多种形式,按控制方式分为不带防盗系统的电动门锁和结合了防盗系统的电动门锁;按结构可分为双向空气压力泵式和微型直流电动机式。

3. 电动门锁的工作原理

(1) 微型直流电动机式电动门锁 利用控制微型直流电动机的正、反转来实现门锁的开、关动作。直流电动机式电动门锁主要由双向电动机、导线、继电器、门锁开关及连杆操纵机构组成,直流电动机式电动门锁的操纵机构如图7-25所示。

当门锁电动机转动时,通过门锁操纵连杆操纵门锁动作。电动机的旋转方向由经过电动机电枢的电流方向决定。若锁门时,电动机电枢流通的是正向电流,那么开锁时,电动机电枢流通的则为反向电流,电动机即反向旋转。这样利用电动机的正转或反转,就可完成车门的闭锁和开关动作。这种执行机构与电磁线圈式执行机构相比,耗电量较小。

(2) 永磁电动机式门锁 永磁型步进电动机的作用与前两种基本相同,结构差异较大。转子带有凸齿,凸齿与定子磁极径向间隙小而磁通量大。定子上带有轴向均布的多个电磁极,而每个电磁线圈按径向布置。定子周布铁心,每个铁心上绕有线圈,当电流通过某一相位的线圈时,该线圈的

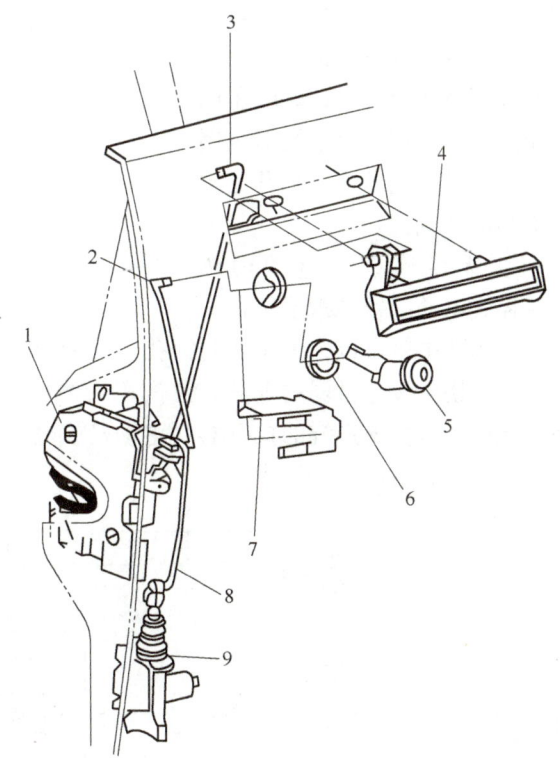

图7-25 直流电动机式电动门锁的操纵机构
1—门锁总成 2—锁心至门锁连杆 3—外门锁把手至门锁连杆
4—外门锁把手 5—锁心 6—垫圈 7—锁心定位架
8—电动机至门锁连杆 9—门锁电动机

铁心产生吸力吸动转子上的凸齿对准定子线圈的磁极,转子将转动到最小的磁通处,即是一步进位置。要使转子继续转动一个步进角,根据需要的转动方向向下一个相位的定子线圈输入一脉冲电流,转子即可转动。转子转动时,通过连杆使门锁锁止或开启。

(3) 电子式电动门锁 电子式门锁电路控制过程如图 7-26 所示。

1) 闭锁过程。当把门内侧的门锁开关压向锁门一侧时，开关接地，使锁门控制电路内的定时电路和控制晶体管导通，给闭锁继电器线圈供电 2s，使其触点接通 2s，电源通过接通 2s 的触点给闭锁继电器线圈的 1/2 供电，产生磁场，使门锁向闭锁方向插入以进行锁门。

2) 开锁过程。当把门锁开关按向开锁一侧时，开关接地，使开锁控制器内的定时电路工作，控制晶体管给开锁继电器线圈供电 2s，触点吸合 2s，把电源引入开锁线圈的另一半内，产生磁场使门锁向开锁一侧运行，进行开锁动作。

开锁线圈和闭锁线圈装在门内，而控制开关和定时控制器也装在门内，在驾驶侧即可一个开关控制 4 个门的开或关。

(4) 无线遥控式电动门锁 无线遥控式电动门锁是指不用把车钥匙插入锁孔中就可以，无需探明锁孔、远距离、方便地开锁和闭锁。如图 7-27 所示，其原理是从车钥匙发出微弱的电波，由汽车天线接收该电波信号，经电子控制器（ECU）识别信号代码，再由该系统的执行器（电动机或电磁线圈）执行开/闭锁的动作。该系统主要由发射机和接收机两部分组成。

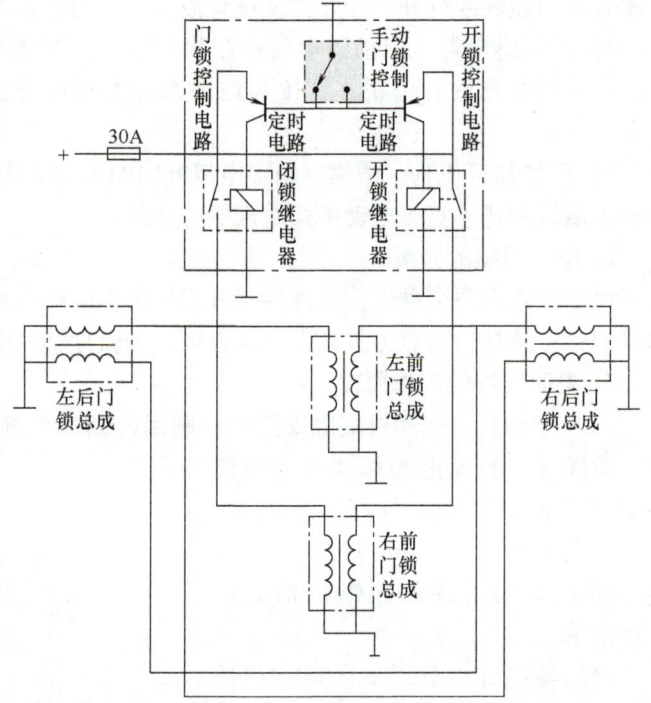

图 7-26 电子式电动门锁电路图

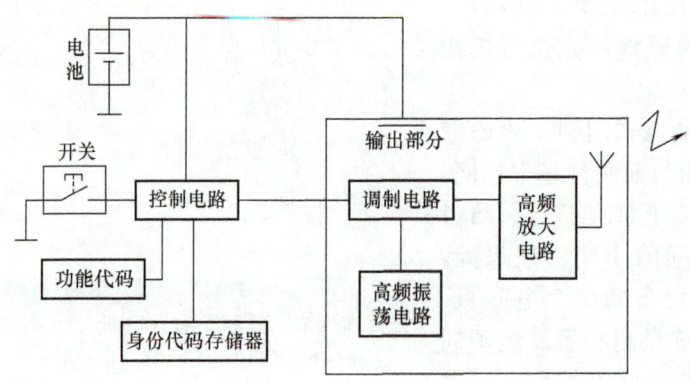

图 7-27 无线遥控式电动门锁

1) 发射机。发射机由发射开关、发射天线（键板）和集成电路等组成，在键板上与信号发送电路组成一体。从识别代码存储回路到频移键控（FSK）调制回路，由于采用单芯片集成电路而使其小型化，在电路的相反一侧装有揿钮型的锂电池。发射频率按照使用国的电波进行选择，一般可使用 27MHz、40MHz、62MHz 频带。发射开关每按揿钮一次即可进行一次信号发送。

2）接收机。发射机利用 FM 调制发出识别代码，通过汽车的 FM 天线进行接收，并利用分配器进入 ECU 的 FM 高频增幅处理器进行解调，与被解调节器的识别代码进行比较；如果是正确的代码，就输入控制电路并使执行器工作。

门锁遥控系统通常由 1 个便携式发射器机和 1 个车内接收机组成，从发射机发出的可识别信号由接收机接收并解码，驱动门锁打开或锁止，其主要作用是方便驾驶人锁门或开门。

用户可以通过设置门锁遥控 ECU 的开锁密码实现对自己汽车的保护，并在出现非法打开车门时进行报警。许多系统大都采用无线电波或红外线作为识别信号的传授媒介，有持钥匙型和整体型两种。

当中控锁接收到正确的代码信号，控制波接收电路就被触发至接收时间加 0.5s，然后再恢复到待机状态。如输入的代码信号不符，将不能触发接收电路。在 10min 内有多于 10 个代码信号输入不符，该锁就认为有人企图窃车，于是停止接收任何信号，包括接收正确的代码信号，遇到这种情况必须由车主用钥匙机械地插入门锁孔才能开启车门。通过钥匙点火起动以及把遥控门锁系统主开关关掉再打开即可完成信号接收的恢复，如果用遥控机构把车门开锁后 30s 内不开门，则车门将自动锁上。无线遥控式电动门锁工作原理如图 7-28 所示。

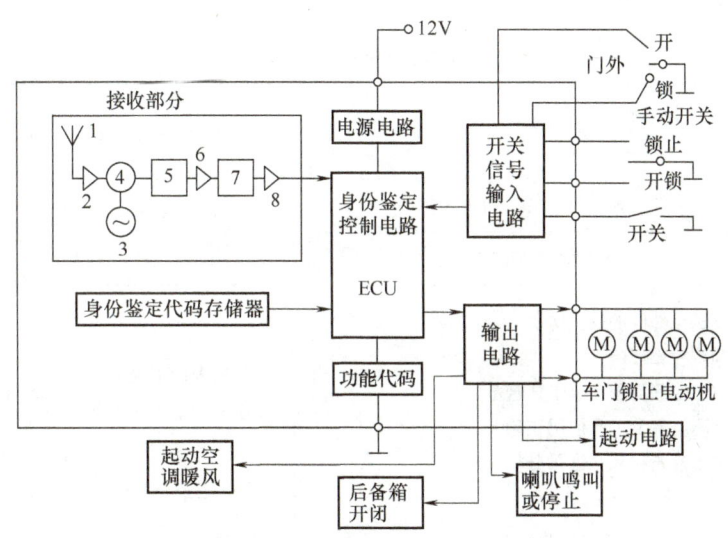

图 7-28 无线遥控式电动门锁工作原理图
1—接收天线 2—射频放大器 3—局部震荡器 4—混频器 5—选频放大器
6—识波器 7—滤波器 8—功率放大管

任务实施

1. 任务准备（材料以捷达轿车为主）
任务所需的资料、设备、工具见表 7-6。

表 7-6　任务准备

维修资料	捷达轿车（2008 款）电路图、维修手册
所需设备	万用表、试灯、整车、灯泡、胶布
所需工具	座椅套、方向盘套、变速杆套、脚垫、翼子板布、常用工具

2. 完成下列各项任务

一辆捷达轿车在打开或关闭前门锁时，其他 3 个车门的锁扣都不动作。

根据故障现象分析电路图，了解该车电动门锁的结构与原理，并按步骤诊断故障发生的部位，并制订维修方案。

（1）电源熔断器是否熔断　　　□是　　　　□否
（2）中央门锁控制单元是否损坏　□是　　　　□否
（3）双向压力泵是否损坏　　　　□是　　　　□否
（4）门锁开关是否损坏　　　　　□是　　　　□否
（5）线路是否有故障　　　　　　□是　　　　□否

评价总结

1. 小组评价（见表 7-7，50 分）

表 7-7　小组评价表

操作项目	考核内容	评分标准	配分	扣分	得分
考前准备	作业服着装整齐，防护齐备	根据情况酌情扣分	5 分		
	一次性备齐所需工具				
操作步骤	1. 车辆或部件的安全防护 2. 确认故障现象 3. 故障检测流程符合工艺规范 4. 检测设备及工具使用正确 5. 记录检测结果并进行分析	某项未做不给分 操作方法不当扣 2 分	25 分		
文明操作	操作有序、规范	根据情况酌情扣分	5 分		
安全操作	无机具、人身事故	根据情况酌情扣分	10 分		
7S 管理	整理工具、清洁场地	根据情况酌情扣分	5 分		

2. 教师总体评价（50分）

得分：_____

项目习题

一、判断题

1. 汽车电动车窗的电动机一般有两个，分别控制玻璃的上升和下降。（ ）
2. 冬季使用刮水器时，若其刮片被冰冻住或被雪团卡住，应立即断开开关，清除冰块、雪团后方可继续使用，否则会因刮片阻力过大而烧坏电动机。（ ）
3. 车窗只能向一个方向运动时，应检查开关和控制线路是否正常。（ ）
4. 电动车窗的开关分为安全开关和升降开关，安全开关能控制所有车门上的车窗。（ ）
5. 电动门锁常常和汽车的防盗系统结合在一起，可以提高汽车的防盗性能。（ ）
6. 前风窗玻璃结霜时，不许使用电动刮水器和洗涤器进行清洗刮水。（ ）
7. 使用风窗玻璃洗涤器时，应先开动刮水器，然后再开动洗涤液泵。（ ）
8. 驾驶人将中控锁上锁后，其余乘客就不能打开车门了。（ ）
9. 配有电子控制电动中控门锁的汽车，车内乘客不能自行解锁。（ ）
10. 永磁式刮水电动机是通过改变串联到电路中的电阻大小来实现变速的。（ ）
11. 正常的刮水器系统运行时，刮水器开关拨至 OFF 档，刮水片位置都能回到最低位。（ ）

二、选择题

1. 汽车的电动门窗电动机一般为（   ），它可以双向旋转，通过改变电动机的电流方向，使电动机得到不同的旋转方向来控制车窗玻璃的上升或下降。
   A. 交流型　　　　　B. 直流型　　　　　C. 永磁型
2. 风窗玻璃加热器不工作，出现故障概率最大的是（   ）。
   A. 熔丝　　　　　　B. 电路　　　　　　C. 加热开关和定时器
3. 带有间歇档的刮水器在下列哪个情况下使用间歇档（   ）。
   A. 大雨天　　　　　B. 中雨天　　　　　C. 毛毛细雨或大雾天
4. 汽车刮水器的变速原理是利用（   ）来实现的。
   A. 交流发电机　　　B. 交流电动机
   C. 直流发电机　　　D. 直流电动机
5. 汽车前风窗玻璃是利用（   ）来进行除霜的。
   A. 电阻丝加热　　　B. 刮水器
   C. 暖风　　　　　　D. 除霜清洗液清洗

6. 检查电动机车窗后电动机时，用蓄电池的正负极分别接电动机连接端子后，电动机转动，互换正负极和端子的连接后，电动机反转，说明（　　）。
   A. 电动机状况良好　　　B. 主开关有故障
   C. 电动机损坏　　　　　D. 以上都不对
7. 中控门锁系统的门锁控制开关用于控制所有车门锁的开关，安装在（　　）。
   A. 仪表板上　　　　　　B. 每个车门上
   C. 门锁总成中　　　　　D. 驾驶侧车门内侧扶手上
8. 遥控门锁的发射器一般装用（　　）电源。
   A. 12V 蓄电池　　　　　B. 两节 5 号干电池
   C. 两节 7 号干电池　　　D. 3V 锂电池

三、简答题
1. 请叙述电动车窗的基本组成。
2. 简述刮水器的间歇刮水工作原理。
3. 简述电动门窗的防夹功能基本原理。

参 考 文 献

[1] 石杰绪. 汽车电器构造与维修 [M]. 北京：机械工业出版社，2011.
[2] 周双斌，刘红，冯树波. 汽车电器构造与维修 [M]. 长春：东北师范大学出版社，2011.
[3] 李春明. 捷达/捷达王轿车电气系统使用与维修 [M]. 北京：北京理工大学出版社，2002.